U0537855

實　用

知　識

寶鼎出版

부자아빠의 돈 공부

200억 부자아빠가 아들에게만 알려주는 재테크의 비밀 33

---

# 致富傳承

---

## 創業家爸爸
## 寫給子女的33個理財祕訣

200億韓元資產的富爸爸
李容基(이용기)——著 高毓婷——譯

前言

# 兒子啊，理財世界中有所謂「必須要做的事」和「必須避免的事」

**「對一個人來說，最大的傷痛就是錢包空空如也。」**

這句話出自《塔木德》，由此可見猶太人有多麼看重金錢。

猶太人從小就對孩子進行經濟教育。當男孩十三歲、女孩十二歲時會舉行成人禮，這時家人和親戚們會準備律法書、手錶和禮金三樣禮物送給他們。

首先，身為深受信仰影響的民族，他們會贈送律法書。而送手錶則意味著希望他們珍惜時間、遵守與別人的約定，最後還會送上禮金。這裡的禮金金額約為數百萬到數千萬韓元左右。孩子們會把這些錢存起來和投資在股票上，等到他們二十歲成人時，不知不覺間這些錢就成為他們的第一桶金。

從小開始的經濟教育在長大後會展現其價值，從華爾街上許多有影響力的人物中就可以看出這一點。因此，猶太人中有很多富人。

每個人都想發財。而世界上所有的爸爸們都希望兒女能過上豐衣足食的生活。

然而，變得富有的過程並不簡單。即使再怎麼省吃儉用並存錢，也絕不是件簡單的事，會因為覺得辛苦而放棄或變得急躁。這個世界在快速演變，經濟也時時刻刻都在變化。因此，若想要跟上新的經濟環境和理財趨勢，就必須「學習理財」。

爸爸雖然出生在一個富裕的家庭，但在你們的爺爺去世後成了「貧困家庭的么兒」。好不容易從學校畢業並結婚，成為你們的父親。雖然我在公司穩定工作了十四年，但隨著公司被併購，我也突然被迫辭職。就這樣，在毫無準備的情況下開始經營起事業，至今已經二十二年。在經營事業的過程中，有成就帶來的喜悅，也有歷經曲折的痛苦。

也常出現因為小事情緒受影響，以致耽誤了大事的情況。當情緒不佳時往往無法冷靜地看待事情，導致無法做出正確的判斷，且經常處於緊張、壓力極大和焦慮的狀態中。儘管如此，我懷著不能讓子女繼承貧窮的想法，一直堅持到現在。

作為上班族和企業家，我多次經歷破產危機，也多次賺過大錢。

在這樣成功和失敗的實戰中，我學會了有效的理財訣竅，能夠區分出為了成為富人「必須要做的事」和「必須避免的事」，現在我可以說：「只要避開最糟糕的時刻，總能再次獲得機會，這一點你們一定要記住。」

**「兒子，人生比想像中要長。所以要儘快學習理財，抓住即將到來的機會。」**

首先，所有的投資都要有第一桶金。想要籌措到第一桶資金，就要知道存錢的真正意義是什麼以及如何讓存錢更有效率。銀行並不是唯一的金融機構，市場上有太多的金融商品，要選擇適合自己的產品並不是件簡單的事，這也是必須學習理財的另一個原因。

除了要正確理解消費的概念之外，也要理解何為捐贈。消費和捐贈的差異在於目的和意圖，消費是為了滿足個人的需求，而捐贈則是為了幫助他人或社會而犧牲自己利益的行為。

學習理財與否決定了人生的成敗。這本書整理出我對待金錢的態度、金錢的流向以及投資方面的知識，還討論必須成為富人的理由，並整理有關國際焦點議題、贈與和其他有利可圖的基本資訊。

我希望這本書不僅是為了我的孩子們，也能成為需要財務學習者的指導手冊。

**總是支持兒女的**
爸爸　筆

# 目次



## PART 1 你必須致富的九個理由

PART 2

## 用有錢人的思維看世界

3
PART

# 穩定投資的七個祕密

4

PART

# 主動投資的六個祕訣

PART 5

# 理財所能獲得的事情

# 1 PART

# 你必須致富的九個理由

「兒子啊，對一個人來說，

最大的傷痛就是錢包空空如也。」

絕望

# 01 繼承到債務，讓我更加渴望致富

在我十六歲時，我的爸爸、你們的爺爺去世了。

原本我家在鄉下過著相當寬裕的生活。作為我爸爸晚年生的小兒子，我深受父母的寵愛。當時你們的爺爺奶奶對孩子們的教育有著很大的熱誠。你們爺爺是腰纏萬貫的富人之子，為了教育六個孩子，毅然決然把繼承來的田地全部都賣掉了。

從公務員退休的他在此後十年裡做起了生意。但是，不論是防水油漆施工、煤炭竈器材、液化天然氣爐代理店等，每次他經手的生意都以失敗告吹。在他一九七九年去世時，原本手中的生意早都停止經營了。

有一天，我、你們的爺爺和奶奶三個人正在吃一頓較晚的午飯。這時他接到欠債的親戚電話，於是大聲催促對方還錢，又是勸又是哄的。突然，他大聲喊道：「你、你這傢伙！」接著鬆開電話，向後倒下。是腦出血，就這樣，他沒有留下一句遺言就去世了。

還留下了一大筆債務。

拿著借據前來弔唁的人愈來愈多。債務金額龐大到令人難以承受，家人們不知該如何是好。堂哥提議舉行「償債大會」。償債大會的意思是把家裡所有的錢都拿出來分一分，讓債權人拿走。當時我大哥正在德國留學，大姐已經嫁出去，二哥那年二十六歲，在部隊裡當中尉。在這種情況下，沒有人能做出合理的判斷。

結果，由你們的奶奶和二十六歲的菜鳥軍人主持，人們蜂擁而至，償債大會就此開始。當時共動用除自住房以外的九棟新鄉村住宅、水田九畝，才擺平那場償債大會。但是，又有其他幾個債權人拿著借據出現，我的哥哥們再次把這些新出現的債務還清了。

時隔九年，當我就業時，家裡依然留有債務。我自己也必須在三年內，負責每個月償還三十萬韓元的債務。

我徹徹底底地經歷家道中落後的貧窮生活，也因此下定決心要致富。當年因繳不出高中學雜費，在總務處的走廊上罰站成一排被棍子打頭的慘狀，至今仍無法忘懷、在自習室的地板上像蝦子一樣蜷縮著腳睡覺和讀書的光景，都使我下定決心以後要做生意、要揚眉吐氣、要成功。

## 因金錢慾望而開始的投資果然不容易

上大學時，我用私房錢投入股票市場，到正式進入職場，一直維持著令我感興趣的股票投資。

當時公司提供「購屋貸款」的員工福利，我以四%的年利率、三年寬限期、十年分期的償還條件，共貸出三千萬韓元。當時一般銀行貸款的利率為一三%，滯納率超過一九%。像這樣僅需支付四%利息的公司貸款，是必定要拿來好好運用的有利條件。當一九九一年我二十八歲時，透過公司貸款和全租的方式購入了第一間房子。儘管如此，我主要的投資仍然是股票。

結婚後雖然成為雙薪家庭，但你們的媽媽在生了你們後提交辭呈。之後，以我單人的薪水養育兩個孩子，這是件非常吃力的事。在總公司工作八年後，我調派到外地，此時失去以全租購買開浦社會住宅的機會，這裡後來成為黃金地段公寓，而當時的我完全沒有那種投資眼力。

幾年後亞洲金融風暴爆發。公司有好長一段時間扣發薪資或要求退回薪資，而我手上投資的股票跌成廢紙，員工持有的公司股票也跌至半價。在這個時候，幸虧你們的媽媽再次投入職場，讓我們家再次成為雙薪家庭。

一九九九年，美國那斯達克（NASDAQ）掀起IT股市熱潮。當時數十天的漲停板是家常便飯，我被網路電話和網路安全相關股票迷了心竅，將全部資金都押在這些股票上。結果我在這兩個標的上敗下陣來，所有財產皆因錯誤的股票決策化為烏有，名下只剩下位於龍仁的全租三十三坪公寓。而之前住的原州房子所有權屬於公司，不屬於我所有。

那時，我決定一輩子再也不炒股。到了二十五年後的今天，我都沒有再投資過股票。

但相對地，自從買了第一間房子後，這三十三年來我一直在做房地產投資。從二〇〇二年開始經營生意，並滾出大筆的資金，這成為房地產投資的武器。但在最初的二十五年裡，房地產投資的狀態並不甚理想，後來積累了功力，才在最近八年的投資中大獲成功。

我在房地產投資上，並沒有貸滿到最高額度，也不扮演以高於市價出租的惡房東。租給大企業的門市租金連續七年沒有調漲，其他的七間出租房也都沒有調漲過月租。我以分期的方式償還貸款，每月把租金收入的五〇%用於償還本金，一點一點按部就班地償還，償還五

○%債務的效果相當於執行將一半收入儲蓄起來的「50：50」原則。我雖然使用財務槓桿，但貸款和租賃合約都維持在合理的範圍內。

也曾進行過收益率比銀行利息還差的投資。在開發土地的過程中，因違反建築相關法律，還被處以罰款。但是在最近八年的投資中，我的自信度提高了。

我知道僅憑金錢無法讓生活過得充實富足。但是，如果沒有錢或錢不夠，內心就會感到不安。

## 親愛的兒子！

## 如果能透過財富減少不安和焦慮，成為有錢人不是更好嗎？

NBA達拉斯獨行俠隊的老闆馬克・庫班（Mark Cuban）說過：「自己賺的錢，來自於自己創造的幸運。」

兒子啊！你也一定要成為創造幸運的人。

不要說「富人貪婪」、「有錢人就是罪人」、「錢很髒」之類的話，為自己埋下不好的金錢觀念。有很多人是透過健全的方法成為富人的，不要責怪政府，不要責怪市場等第三者，責怪別人等於是在自我合理化。

《有錢人想的和你不一樣》的作者哈福．艾克（T. Harv Eker）說：「讚嘆有錢人吧！祝福有錢人吧！去愛有錢人吧！」像成功的富人一樣思考和行動，就會得到和他們一樣的結果。記住，嘲弄別人或挑毛病、拉低自己水準的人，他們是不會成功的。

**富爸爸的理財祕訣**

**從尋找自己想要成為富人的迫切理由開始吧！**

儲蓄

# 02 該如何存錢？

我想起為年幼的你們辦存摺這件事。

當你們滿一週歲，我就以你們的名字辦了存摺。把收到的壓歲錢和賣掉週歲宴時收到金戒指的錢都存進存摺裡，雖然由我管理存摺好幾年，但當你們上小學後，就交由你們自己保管。

二〇〇九年五月，韓國修法未成年人也可以加入住宅認購儲蓄。我以你們的名義辦了住宅認購儲蓄的存摺，每月繳交最低繳納額二萬韓元，直到你們就業為止。

而當你們年滿十五歲可以購買終身保險時，我也為你們投保。這些保險等你們就業後，

都會將要保人變更為你們本人和由自己繳納保費。實支實付險和其他保險也會一起變更要保人。

從你們上小學開始，存摺和保單就由你們親自保管。每當打開書桌抽屜看到存摺時，就引導你們聯想到未來成為富人的形象。

我已經打算在你們結婚時，要買保險箱送作為結婚禮物。我自己已有兩個保險箱，用起來感覺還不錯。一個保險箱裡放著房地產相關文件、各種存摺、保單和一些外幣。另一個保險箱裡存放著法人相關文件和房地產租賃業者相關文件、印章。

如果兒子你也有了金庫，那麼未來成為富人的模樣將更加清晰，想要珍惜保管金錢的潛意識必然會增強。

平凡的我們，透過平凡的過程存錢。

「就業後領取薪資，就必須加入國民年金和退休年金。不僅要儲蓄，還要蒐集優惠券，省吃儉用。存到第一桶金後透過投資賺錢、購買住宅，就這樣一直賺下去。」

這樣的過程需要很長時間，在這過程中，重要的是要具備對待金錢的態度。

雖然說已經進入AI時代，但世界的變化不會一下子就發生。要知道，真正的富人不是一蹴而就的，是在過程中逐步建立起來的。致富，不是一瞬間就能平白達成的。

有人說九〇%以上的印度人之所以貧窮，是因為他們相信死亡後的來世。「反正走的時候也是兩手空空」的價值觀，挫敗了他們成為富人的意志。

透過這說法可以看出，財富的多寡會根據想法的不同而異。不要看到身邊獲得成功的人就自己先灰心喪志，只要改變想法和觀點，就能像那些人一樣成功。

把第一本存摺奉為寶典般珍視的心，會成為成功的起點，我們應該要像對待聖經或經典般地珍惜存摺。

**富爸爸的理財祕訣**

把存摺奉為聖經。
儲蓄目標是存下收入的五〇%以上。

支出

# 03 該如何花錢？

這是二十六年前發生的事。當時你們的媽媽辭去了教職，成為全職主婦。當時僅靠我的薪水，一家四口的生活過得很吃緊。

儘管如此，媽媽還是把你們送去口碑很好的幼稚園。此外，她還提議讓五歲和四歲的你們，報名去上「英語童話閱讀」課程。當時對我們家的經濟狀況來說，錢是一個大問題。為此我們大吵了一架。我說：「光是送去上幼稚園就已經很吃力了，有必要連這種課也要上嗎？」你們的媽媽則說：「一定要給孩子們最好的教育。」

當時看到我們這副模樣的你似乎大受驚嚇。過了二十歲以後才用開玩笑的語氣說：「我當時以為我們家非常窮。」而後來當我們搬到寬敞的公寓時，你似乎感到非常混亂。你說你以為只是像幼稚園時一樣，猜想是因為媽媽提議購買這間公寓，而爸爸吵架輸給了媽媽，所以才買下房子。語畢，我們一家人捧腹大笑了好一陣子。

近來人們只生育一兩名子女，所以本該由孩子做的事情卻由父母代勞的情況，屢見不鮮。但如果以這種方式進行教育，孩子們自主生活的能力就會下降。

世界正變得愈來愈複雜。錢是什麼？我們得自己去領悟和了解消費及儲蓄的機制是如何運轉的。要知道儲蓄的概念和預算的重要性，了解概念有助於管理自己的日常生活和經濟生活。

理解經濟概念後，判斷就很重要。不論是消費還是財務管理都須要做出正確的決定。即使是專家，所有的判斷也很難都是正確的，但是成功的人會做出八〇%以上正確的判斷。經濟教育在學校的教學過程中是學不到的，必須從小開始學習經濟的基礎知識和原理、市場的運作原理、消費者和生產者的角色。只有了解經濟才能在未來取得成功，甚至成為富人。

然而，即使再怎麼減少支出，也不能節省治裝費和買書的費用，因為展現自己和累積精神食糧是很重要的投資。外表和讀書能夠給別人留下好印象，使人看起來更有智慧。旅行時穿上漂亮的衣服、帶上書本，這是理所當然的事。

希望你們在旅遊上的花費不要過於吝嗇，爸爸我不喜歡走馬看花的旅行方式，而喜歡享受旅行前充分收集資訊並規劃行程的過程。俗話說「年輕時要自討苦吃」，意思是說，哪怕是故意的，也要去嘗試一些艱苦的經歷。自由行的時候十有八九會遇上行程改變或錯過車次等意想不到的情況，但，這何嘗不是旅行的樂趣呢？

《The Lessons of Sayno》（書名暫譯：Sayno師父的教誨）中有這樣一句話。

「在被束縛之生活中流逝的時間是克洛諾斯（chronos），做自己喜歡之事度過有意義的時間是卡伊洛斯（kairos）。擺脫克洛諾斯的束縛，過著卡伊洛斯的生活吧。」

這句話表達了賺錢的時間就是卡伊洛斯的時間。在這裡，克洛諾斯只意味量化的時間，而卡伊洛斯則意味著得到特殊機會的時間。

旅行是卡伊洛斯的時間，即使是短暫的接觸，也會成為回憶和經驗。旅行的經歷可以培養看待世界的產業眼光，動身去一趟將世界視為產業的旅行吧。

富爸爸的理財祕訣

應該要徹底嚴格縮減支出，但是不要節省買衣服、買書和旅行的費用。

# 04 該如何省錢？

節約

在維持生活水準的同時，每個人可以存起來的儲蓄額都不一樣。考慮到這一點，爸爸我認為節約的效果應該是這樣的。

第一，如果在三年內，每個月可以從薪資中儲蓄五十萬韓元（台幣約一萬二千元），那麼加上利息，三年後可以存到約二千萬韓元（台幣約四十五萬元）。另一方面，每個月節省五十萬韓元，也相當於儲蓄五十萬韓元的效果。

第二，如果可以同時儲蓄五十萬韓元和節省五十萬韓元，就有存下一百萬韓元的效果。也就是說，如果同時儲蓄和節約，存錢的效果就會倍增。

第三，假設將一億五千萬韓元存入銀行的定存，獲得四％的利息，那麼年收益為五百萬零七萬六千韓元。（一億五千萬韓元的四％即六百萬韓元，在繳納一五．四％的利息所得稅後，實際可領取的金額）。

而如果將每月節省五十萬韓元來進行反推，也能達到這個規模的數字。也就是說，每個月存五十萬韓元的效果，就相當於擁有一億五千萬韓元。

考慮到金錢的購買力每年都會隨著物價上漲而下降，銀行的存款利息應該視為本金或負利息。

我們來稍微聊聊生活水準吧。

在日常生活中，居住、飲食和治裝，也就是衣食住是不可或缺的。韓國有個詞叫做「職住相近」，意思是說居住在離工作愈近的地區，生活的品質就愈高。如果工作地點在市中心，想住在職場周圍，所需付出的費用相對來說必定提高。

A為了節省時間，選擇居住費用較高的市中心地區。這時，把節省下來的時間用在什麼地方才是最重要的。如果為了成長而把時間投資在學習、文教生活、運動等方面，在多花一點費用的同時也爭取到時間，我是很贊成的。但如果是為了花在娛樂或可以睡久一點而改變費用和時間，我就無法贊成。

伙食費和治裝費也是一樣的。酒錢、不常穿的衣服錢、衝動購買的食材費等都算是過度消費。不是說要在吃的、穿的上省吃儉用，而是指不要進行不必要的消費，以及不要囤貨。

事實上，我也曾購買過不怎麼常穿的衣服或囤便宜的東西，看到超市裡的便宜食材就買一大堆裝滿冰箱。幾年前搬到田園住宅後，我就下定決心要過簡約的生活。特別是只買少少食物的想法，現在已經成為習慣。

生活一天一天過，冰箱變成了食物垃圾場，衣櫃變成了衣服垃圾場，鞋櫃變成了鞋子垃圾場。雖然搬家時丟了很多，但是當囤積起來時，總是又變得像垃圾場一樣。今後我也會繼續努力，不過度消費、吃多少買多少、穿多少就買多少。

節約和吝嗇是兩回事，節約的反義詞是浪費。看見大澡堂裡用水過多的人會覺得他們很浪費，在吃到飽餐廳裡看到盛了一堆食物但明明就不會吃完的人時，我會認為他們沒有成為富人的潛能。

不珍惜別人東西的人是不會賺大錢的，因為金錢是種能量。

**富爸爸的理財祕訣**

**節約是基本，切忌過度消費！**

# 05 兒子啊，愈早開始學習理財愈好

## 總之先開始

人生中的重大事件總是發生得很突然。

二〇〇二年時我上班的公司被收購，突然間被辭退了。結果我在三十九歲，沒有做好預備的情況下開始做起生意。

因為你們媽媽是鐵飯碗的公務員，所以我才能下定決心經營事業，而不是再次就業。因為不想走上你們爺爺的老路，所以我選擇不用花錢就能做生意的途徑。

我決定在與前公司相關的領域創業，並在周圍人的幫助下設立辦公室。然後從前公司僱用幾個人，花五十萬韓元購買二手辦公用品和空調設備，雖然規模微不足道，但足以讓我開始創業。我想著先投入兩年左右的時間和努力試試，如果做不起來，就放棄經營，去找其他工作。

剛開始創業時，對於要做出最終決策感到極大的負擔，在重大決定面前也經常感到不安和害怕。銷售業績也起伏不定，雖然有賺大錢的時候，但也有因慢性赤字而感到心急不已的瞬間。為了發薪資給員工，我還曾借過高利貸，也被詐騙過，損失了一大筆錢。雖然十年來景氣一直都不錯，但從二〇一七年起我也屢屢被詐騙。還曾被一百多人騙走過數十億韓元，還經歷過多次要接受國稅局監查的困境。在起訴詐騙犯後，警方和檢察機構開始展開調查，雖然讓部分詐騙犯吃了牢飯，但我內心的憤怒並未因此平息。

就這樣歷經風風雨雨，在二十二年的經商生涯中我領悟到許多東西，其中感受到「言行一致」尤其重要。

從二〇一七年開始，我就時不時向熟人借錢，每當到約定要償還的日子時，我每次都履行約定，銀行貸款的利息也絕不拖繳，更不曾拖欠過信用卡卡費。身為老闆，關於錢「說出的話，不管發生什麼事都要遵守」的言行一致原則，也成為我公司的品牌形象。

也就是說，不要輕易背棄有關金錢的承諾。雖說不要有金錢來往是最好的，但是做生意時總會出現不得已的情況。總之，借了錢就要如約償還，就像覺得自己的錢很珍貴一樣，錢對任何人來說都是珍貴的。

## 我們必須學理財的理由

金錢一直是我們關心的事情。據說當今的經濟體系與古代巴比倫相似，人類從五千年前開始買賣物品，從大方向來看，我們現在只是以金錢或信用卡代替過去的黏土塊來交換物品。

經濟在字典中的定義是「生產、分配、消費財物或勞務的活動」。人類為了生活需要財物，有像空氣一樣無法買賣的自由財，也有與無限慾望相比數量有限的經濟財。

想要累積財富，就要知道賺錢、使用錢或儲蓄錢的方法。而靠勞動或投資收益賺錢是正當的方法。首先，要相信獲得金錢是一件有價值的事情，消費或儲蓄是自己的責任，若以不正當手段獲取（詐騙、收賄等）或使用金錢就是犯罪。只有具備正確看待金錢的眼光，才能擁有開闊的經濟思維。

「這樣就足夠了」、「反正我擁有不了一切」等將自己合理化的想法是窮人的防衛機制。有些人認為世界上的金錢是有限的，如果我拿走了，別人就會少拿到一些。或認為是因為那些有錢人存在，才使自己拿到的錢不夠，而事情的真相絕對不是那樣。

鈔票每天都在印，增加的貨幣無論是誰擁有，市面上的流動錢都在日益增加。雖然不能無限制地印鈔，但是我們需要有「資金會持續增加」的宏觀觀點。

MJ·狄馬哥（MJ DeMarco）在《快速致富》中介紹了三條「財務路線圖」。

**首先是理財人行道↓貧窮之道。**

**第二是理財慢車道↓平庸之道，**

**第三是理財快車道↓財富之道。**

這三條路通往的終點截然不同。

主角MJ因父母離婚，不得不和媽媽一起生活。他媽媽是肯德基負責炸雞的員工，MJ是個胖小子，小時候一直手握電視遙控器遊手好閒。但是有一天，在他目睹開著藍寶堅尼的人後，就夢想著自己也要坐上藍寶堅尼跑車。他將車子的照片貼在牆上並不斷努力，結果，在他二十五歲時，成為藍寶堅尼跑車的真正車主。與拉風跑車的九十秒邂逅使他覺醒，他開始研究並仿效白手起家的年輕富豪是怎麼做的，最終實現自己的夢想。

另外，還有一種流傳於夏威夷的「胡那（Huna）」哲學，這是類似吸引力定律的量子物理學理論，其中包含以下這句話。

**「祝福那些擁有你所渴望之物的人。」**

這就是人生的真理「黃金法則（Golden rule）」的原理，這句話中蘊含為了「帶著富人之心踏上富人之路」所應具備的心態。

如果迫切希望得到什麼，就要學習。你想成為有錢人嗎？那麼，「學習理財」是必須的。

**富爸爸的理財祕訣**

學習理財與否，會讓你的人生截然不同。

總之，先開始學習理財吧。

# 06 所有財富始於「這個」

## 第一桶金

在存到第一桶金之前，一切都是艱辛的歷程。

因為必須替你們的爺爺償還他留下的債務，因此我的薪資有一半是用來還債，剩下的一半則幾乎分毫不花地存了下來，可以說是到了超越省吃儉用的境界。職場的前輩或同事們不願意值的夜班工作我都接下來做，從而獲得夜班津貼，為了拿到超時加班費，我主動接下夜間和週末的工作。回想那時候，週末的白天和晚上我都會值班，這些大家不願意做的時間，我都接下來只為了賺取加班費。

結果，在工作後的三年內，我就在首爾上溪洞買下一間二十二坪的社會住宅，這是我第

一次投資房地產。雖然是運用公司提供給員工的購屋貸款再加上全租所開的槓桿投資，但當我將名字登記在第一間公寓的瞬間，心中開心的程度就像在天空中飛一樣。

進公司五年後我結婚了，但由於沒有結婚資金，於是自願調去外縣市工作。因為到外縣市工作公司會提供宿舍租金補助，這樣不用花錢就可以準備好新婚房。婚禮場地的租借和珠寶的購置等所有結婚費用都是先向你們大姑借來的，之後我再用婚禮禮金還給她。

## 具體計畫儲蓄目標金額和日期

存到第一桶金也有所謂的第一步。要有五百萬韓元才能創造一千萬韓元，達到一千萬韓元才能夢想五千萬和一億韓元。「千里之行，始於足下」這句話非常正確。

為了存到第一桶金，需要有一個明確的計畫，說明在何時之前、透過怎樣的儲蓄方式來達成多少的目標金額。隨便訂定「到明年為止」或者「兩到三年內」這種模糊不清的計畫是不行的，必須精確地連年、月、日都設定出來。

再來要選定主要交易的銀行。首先，建議加入像青年未來儲蓄計畫（鼓勵青年勞工長期留在中小企業工作，並在一定期間內累積一筆可觀的儲蓄），這類由政府或地方政府補助

部分利息的商品。另外，加入認購儲蓄時，最好選擇小額的儲蓄商品，因為萬一突然需要大筆資金時比較容易解約，且儲蓄時以自己可以持續負擔的金額進行較好。也可以考慮財形儲蓄（재형저축）＊、稅優儲蓄（세금우대저축）等保障高利率的商品。第二金融圈如信用合作社（信用協同組合，신용협동조합）、社區銀行（韓國的互助金融機構）的存款也值得關注，因為在利息所得的課稅上，這些金融機構的稅率為一．四％，低於銀行的利息所得稅率一五．四％，但仍建議在存款保護法所能保護的限度內選用第二金融圈產品。

還有一個方法是利用儲蓄型保險商品的免稅優惠，雖然這麼做須要花上十年時間。這是因為一個人一年的金融所得超過二千萬韓元時須繳納的「金融所得綜合稅」中，儲蓄型保險仍可維持免稅條件，因此富人們也經常購買這種商品。

選擇信用卡時，應選擇最適合自己消費模式的信用卡，並決定主要交易的信用卡公司。保險公司也一樣，應比較至少三種以上的保險產品，詳閱資料後選擇性價比高的產品。

選擇證券公司進行股票投資時，不要只拘泥於交易手續費低的公司，選擇財務穩健性高的公司較好。股票投資一旦開始，就可能會持續一生，因此選擇研究團隊的標的分析和經濟動向資料較豐富的公司，會更有利。在選擇時，最好以該公司經營的基金投資收益率高、可運用多種基金的公司為佳。

爸爸我到現在仍然開著一輛十四年的老車，當周圍的人勸我換車時，我總是這麼回答：「車一買來就會折舊，資產價值下降。但房地產不同，資產價值上升的可能性是很高的。如果有錢買車，那我會用這筆錢開槓桿，再買一間套房。」

有些人總抱怨沒錢，但一有錢就去旅行和購物。像這樣只追求當下的幸福而不考慮未來是不行的，如果沉迷於今日過度消費的甜蜜中，致富的速度就會變慢。

「贏家的一天是二十五小時，而輸家的一天是二十三小時。」

「贏家踏雪而行並開闢道路，輸家則等待雪融化。」

希望大家記住這些出自《塔木德》的名言。

**富爸爸的理財祕訣**

**沒有第一桶金的人是無法致富的。**

＊是一種專門的儲蓄方式，主要用於鼓勵個人為了特定的目標（例如購房、教育、退休等）進行長期儲蓄。這種儲蓄方式通常提供較高的利率和稅收優惠，以幫助儲戶更有效地積累財富。

# 07 無論成功或失敗，持續邁進

投資日記

「怎麼樣才能賺錢呢？」

我總是習慣這樣想。只要是可以換算成金錢的事，就會立即心算。與別人交談時，我會推測對方的銷售額有多少、財產有多少。進餐廳時，會去評估營業額有多少，成本和人事費、店面租金的價格等，並推測門市的收益。至於推測的數字是否準確並不重要，重要的是常將可以換算成金錢的事物在腦海中立即心算並輸出的習慣。雖然這種經濟性的思考方式看似是淺薄的小伎倆，但爸爸我相信這是成為富人的基本態度。

不過，你們的媽媽則和我完全相反。她不擅長計算，只有在事情前後一致時才會相信。

對於未經證實的事情，她是會小心翼翼地評估後再推進的類型。

從二〇一七年開始，你們的媽媽每個週末都會去聽各種課程。我也被她帶著去上領袖級的「社長學校」，聽「社長學概論」課程（韓國社長學校第三屆，二〇一八年結業）。

此外，她還聽了房地產專家「金師傅」的課程、「安東尼」的法拍課程，以及「金英男」的土地課程。

二〇一八年六月，你們的媽媽買下位於里門洞都更區域的老舊房產，該房產將來可以換取公寓入住權。當時我勸她不要投資，但是她在聽了房地產課程後，確信這個物件能夠獲利。

在某個星期六，她又去了趟首爾，然後突然打電話給我：

「老公！這個一定要買。就算你反對，今天我也會先簽臨時合約。明天你去完成剩下的手續。」

她就這樣簽完臨時合約回來了。第二天，我只能不情不願地去簽完正式合約，無奈地處理付尾款和登記等後續事宜。然而，這筆投資卻大獲成功。

**都更地區內的該住宅的權利價值為二．四億韓元**

**因溢價為一．六億韓元，所以最初的投資金額為四億韓元扣掉搬遷費貸款一億韓元，因此實際投資額為三億韓元。我們將原州的公寓以二．四億韓元全租租金出租，搬到我們持有的第二間房子田園住宅。因此，實際要到位的資金為六千萬韓元。**

在鑑定之前，將住宅以二．四億韓元計算，再加上溢價為一．六億韓元，總計用四億韓元購得八十四平方公尺（二五．四一坪）的公寓入住權。而因隨後馬上開始拆遷，所以獲得一億韓元的無息搬遷貸款（由合作方全額負擔利息），結果等於最終要投入三億韓元的資金。

後來經過鑑定，權利價值從二．四億韓元增加到二．六億韓元，從結果來看是以溢價一．四億韓元的價格買下。儘管現在房地產市場略顯停滯，但溢價也曾經高達八億韓元。目前以二〇二五年一月竣工為目標，正在全力施工中。

二〇一九年我們又進行了一次都更投資，這次的選擇也是你們媽媽做的決定。她同樣是在聽完房地產課程後，買下了京畿道安山市仙府洞的公寓入住權。該地位於新安山線仙府站，十分鄰近地鐵站，她以溢價三千五百萬韓元的價格購入。

二〇二〇年十月竣工後，以全租的方式出租。購買價格為三億二千五百萬韓元，市價一度超過六億韓元（二〇二三年十一月資料），目前價格約為五億五千萬韓元。這次投資完全是用她自己的錢投資的，這是在沒有我幫助的情況下，你們媽媽唯一一次的獨立投資。

二〇二〇年，她再次參與都更投資，這次是位於仁川富平區山谷洞的都更物件。這次投資也是由「金師傅」推薦的物件。地鐵七號線原本的終點站為富平區廳站，即將延伸開通至山谷站。這是個離地鐵超級近的物件，並且有小學位於社區內，是所謂的「學區第一排」。儘管是店面，但可以換到八十四平方公尺的公寓入住權。以鑑定價格三億三千萬韓元加上溢價一億一千萬韓元，總計以四億四千萬韓元的價格買下，現在正在拆除中。當初購買時溢價為一億一千萬韓元（二〇二三年十一月資料），目前溢價約為四億韓元。

二〇二二年五月新政府上臺後，第一期新市鎮重建公約出爐，內容承諾允許容積率達到三〇〇%，鄰近地鐵生活圈的物件允許容積率達到五〇〇%。從容積率來看，一山、盆唐雖然具有發展潛力，但中洞、山本、坪村的容積率很高，難以期待有較大的收益。因此我們將目光投向一山，大谷站與一山站位在同一條線上，並且預計未來將會有GTX-A路線停靠。另外，一山站前的後谷村學區也很優秀。後谷村3、4、10、15區正在合作推動綜合重建，該地區預計將誕生一個超過四千戶的大型住宅區。

二〇二二年六月，我們購入八十四平方公尺的公寓，這是都更公寓投資。以七億八千七百萬韓元購入，開了五億九千萬韓元的全租槓桿，相當於投入了二億韓元的資金。雖然一山是個熱門地區，但最近房地產市場景氣疲軟，買賣價格下跌。在十月份支付尾款時，發現實際交易價格為六億八千萬韓元，也就是在短短四個月內價格下跌了一億一千萬韓元。本來應該要再等等的，卻太急於投資了。

在房地產專家推薦下購買的商品中，這是唯一一次失手的投資。當然，不是所有的預測都會符合期待。儘管獲得許多投資資訊和建議，但做出選擇後帶來的最終結果，完全是由自己承擔的，但為了要提高投資眼光，我們需要持續地學習。

未來第一期新市鎮的都更將迅速推進，由於新市鎮擁有大量選民，自然會出現為了選舉而承諾的開發計畫。

房地產投資中有一句話叫做「在膝蓋時買入，在肩膀時賣出」，一山的都更投資沒有買在低點，而是在價格高到腰部時買入的，預計還要再等到都更完成再出手。

至今為止我們共參與了四項都更和重建的投資且全部都還持有。都更、重建須經歷合作設立許可、事業實施許可、管理處分許可等三個階段。重建大約需要七到八年，時間較短，但都更的話則需要預想會花上十到十五年。

## 都更和重建投資的注意事項

都更和重建投資雖然具有風險，但同樣也可能帶來高收益。在進行這類投資前，我們應充分掌握各種需注意的事項。

首先，要先做好將資金長期投入的心理準備，再進行投資。

再來，要注意投資項目是有可能會全面泡湯的。我和你媽媽會選擇至少已經獲得事業實施許可的物件投資，如果還處在重建的安全鑑定階段、都更的事前可行性審查階段，以及合作方成立許可階段，我們就不會投資。若還在需要獲得居民同意的階段，則完全不會考慮。

第三，對於違章建築，應向區公所確認是否可以變更名義，以及是否可以發行違章建築確認書*。這是判斷是否能取得入住權的重要標準。

*這是台灣法規中沒有的概念，韓文原文直譯為「無許可建築確認書」（무허가건물확인원），是一種由韓國地方政府（如區公所）發出的文件，用來確認某一建築物是否為「無許可建築物」。無許可建築物是指未經當地政府許可或違反建築法規而建造的建築物。在都更或重建計畫中，無許可建築的擁有者需要這份確認書來證明該建築物的存在，以確保他們是否有資格獲得賠償或確認權益。這類文件有助於合法化程序或用於法律訴訟，但不代表建築物合法，只是一種確認該建築物屬於無許可狀態的官方文件。

在都更和重建投資中，合作成員之間的紛爭很多，也會有覬覦權利的勢力介入。合作方內部的支持勢力和反對勢力之間會展開激烈的爭執。這種投資的缺點是耗時且過程複雜，但優點是可以用低價購買房子。都更、重建以及整修都需要經過漫長的時間和繁複的過程，在投資前必須先充分理解這些事。

有句話說「如果什麼都不做，就什麼都不會發生」，也有另一句話說「不要輕舉妄動」。房地產投資是需要專業性的投資，切勿草率行事。但也不需過於恐懼，多聽取專家的建議，愈是從容決定，成功的機率就愈高。

**富爸爸的理財祕訣**

都更、重建投資，也可能是個相當有吸引力的選項。

# 08 了解有錢人如何享受人生，就會想要成為有錢人

## 有錢人的生活

在五十年前，過去的富人住在大房子裡，院子一角的穀倉裡堆滿夠吃四季的糧食，過著有僕人可以使喚的日子。他們的衣服也都是在洋服店、西裝店訂做的。然而在現代社會中，僅憑外表很難區分出誰是富人、誰是窮人。

在投資方面也是如此。富人謹慎地管理資產和進行投資，但非富人反而往往忽視投資，卻花大錢買昂貴的汽車和名牌。

旅美跨國餐飲集團的金承浩（김승호）會長表示，在買衣服或物品時不看標價的人才是

有錢人。以這個標準來看，爸爸我不是有錢人，我買衣服時一定會看標價，也會先比較加油站的油價後再加，會選購便宜的瓶裝水，衛生紙和濕紙巾也都省著用。

不過，在旅行中的花費我是不會吝嗇的，即使是跟團旅遊，也不會選擇經濟實惠型的產品，而是會選擇高品質的產品，也比較偏好花費較高的自由行。

網路上的退休論壇或標榜財務獨立、提早退休的論壇中，網友最常問的問題是「擁有多少資產才能退休？」這個問題很難回答，因為每個人會感到滿足的生活水準不同，想要擁有的房地產、汽車和名牌等標準也不同。舉例來說，有人只需擁有一間三十坪的公寓就滿足了，但也有人需要數千萬韓元的房租收入，才覺得滿意。

以美元為來計算的話，（通常會被稱為是有錢人的）百萬富翁的一百萬美元相當於十三億韓元（台幣約三千二百萬元）。假設把這筆錢全數存入銀行，並計算利息收入。

如果利率為四％，而利息收入要繳納的所得稅為一五．四％，那麼年收入約四千四百萬韓元。這大約相當於大學畢業生進入大型企業第一份工作的年薪收入，按程度來說難以過上寬裕的生活，如果有配偶和子女，生活會更加吃緊。

由此可見，即使是百萬富翁，單靠銀行利息也難以成為財務自由一族，還必須搭配較少的房貸和車貸負擔。

如果想放棄工作，靠銀行利息生活，存款會逐漸減少。因為每年的通貨膨脹率為五%，而銀行利息為四%，資產實質上一直在減少，因此投資報酬率必須要高於通貨膨脹率。

另外，即使是富人，也無法保證他們的健康。因遺傳因素、體質因素等不同，每個人生病的原因五花八門。許多成功人士如蘋果創辦人賈伯斯等也英年早逝。因此人們常說「就算有錢，沒有健康也沒用」。但爸爸我的觀點略有不同，我認為有錢才能接受高水準的健康檢查，及早發現疾病。有錢的話，能活得健康的機率就會提高。

有錢不一定幸福。

但有很多錢的話，幸福的可能性會增加。只要是成功賺到目標金額的人，隨時都可以過上追求名譽的生活。而從這時開始，成功才是主角，金錢成了配角。因為不須努力賺錢、錢就會自動滾進來的系統，已經建立起來了。

不久前，金承浩會長出售了在全球擁有數千家分店的跨國餐盒公司「Snowfox」。他還進軍花卉、養雞和出版等其他領域，並藉由投資優質企業的股份獲得股息收入。他擁有一個一秒鐘不知道能賺多少錢、在睡覺時財產也會增加的系統，在這種情況下，他不須要埋頭拚命經營事業以追求財富，他可以演講、寫作和進行指導等，做他想做的事情過生活。這時候，金錢就成了配角。

臉書創辦人馬克・祖克柏和他的妻子普莉希拉・陳在女兒Max出生後，立即向媒體公開了一封寫給女兒的信，內容表示在他們有生之年，會將臉書的九九%股份捐贈給慈善活動。

當詢問美國的富豪們為什麼不願意將財產留給子女，很多人回答說「因為不想留財產給子女毀了他們的人生」。這裡我們要關注的是，愈是富裕的國家，愈多富人願意實行貴族義務（Noblesse Oblige）這理念。

相反，在韓國、日本、中國等東亞地區，則認為由子女繼承財產是理所當然的。我不是要討論哪種方式更正確，而是想說，如果繼承了財產，那麼守護好財產的能力就很重要。

當建立起會自動進帳的金錢系統後，如果能透過捐贈和行善回報給世界，就再好不過了。如此，金錢就成了配角。

有錢人擁有能裝錢的器皿，窮人卻追著錢的尾巴跑。如果錢來到你身邊，心懷感激地接受就行了。向自己的宇宙發送「我很幸運，錢會緊黏著我」的訊息，那麼宇宙就會做出回應，為你開啟成為富人的道路。

富爸爸的理財祕訣

當自動賺錢的系統建立起來時，金錢就成了配角。

# 09 何謂通往財富與成功的黃金法則？

## 黃金法則

**「想要怎麼被對待，就怎麼對待他人。」**

這是在人際關係被視為真理的「黃金法則」，無論是在東方還是西方都有類似的說法。在《聖經》、《塔木德》、《論語》和佛經中都有相似的教誨。

拿破崙·希爾（Napoleon Hill）在《用思考致富》中講述了他的人生故事，他到處尋找遙遠的彩虹，相信彩虹的盡頭會有黃金。於是他花了二十年的時間追逐慾望，但最終嚐到了失敗的苦澀，陷入絕望。他在經歷七次失敗後變得一無所有，這才找到了彩虹，並在彩虹的盡頭找到通往幸福的道路，也就是黃金法則。

**「想要怎麼被對待，就怎麼對待他人！**
**想要他人為自己做多少，就為他人做多少！**
**想要他人怎麼對自己行動，就怎麼對別人行動！」**

這就是他找到的黃金法則。

彩虹的盡頭沒有黃金，但他說他在彩虹的盡頭收到了神諭，要他去寫書和演講。他表示寫書和演講的生活就是他對待他人的黃金法則，也是他的彩虹。

之後他寫下了許多書籍，強調習慣對成功是很重要的，並這麼說：

**「要成功，不是只需要才能或天賦、運氣、人脈和金錢，還要養成一旦開始，不論是什麼都會完成的習慣。」**

中世紀時期，基督徒將猶太教視為異端，在以教皇為中心的基督教社會中，猶太人很難過上正常的生活。他們難以找到工作，於是投身於放貸業中賺錢。隨後，政府和教會聲稱他們透過不正當手段賺錢，對他們進行迫害。猶太人經歷了財產被沒收和被驅逐出境的痛苦。

猶太人曾在生命危殆時以錢作為武器保住了性命，這樣的經歷讓他們相信「錢是可以避免死亡的方法」，也許正因如此，「錢就是生命」這個觀念深深根植於猶太人的基因中。

猶太人擁有優秀的金融DNA，在華爾街叱吒風雲的金融人士、世界級投資者及成功企業家中，猶太人占了顯著的比例。

此外，他們重視團結。這是因為他們有過二千多年以上散居世界各地的痛苦記憶，以及只因身為猶太人就被納粹屠殺的歷史，也許是因為如此，猶太民族的團結力非常強大，也展現在支持的政治團體上。

猶太人有一本既是法典也是經典，同時也傳授生活智慧的《塔木德》。這是本集教誨於大成的書，記載了從公元前三百年耶路撒冷被羅馬軍隊攻陷起到公元五世紀為止的八百年間，流傳於猶太人之間的教訓。以下介紹幾個《塔木德》中的人脈管理教誨：

第一，感謝就說感謝，抱歉就說抱歉。這看似微不足道，卻是不可敷衍忽視的話語。

第二，不要說別人的壞話。也就是說，「想要怎麼被對待，就怎麼對待他人」。

第三，捐出收入的一%以上。對猶太人來說，慈善是重要的價值觀。慈善是他們在異國社會中，藉由放貸業致富的生存手段。

過著遵守黃金法則的生活比想像中的困難。人們常說「種什麼因，得什麼果」、「以眼還眼，以牙還牙」和「give and take」，但因為會產生誰先給予、誰先回報的問題，所以要遵循黃金法則並不容易。雖然《聖經》中說要先給予，但有時先給予的行為反而會帶來傷害。

除了現實中的人際交往，如今還有網路上的社交，形成複雜的關係，因此更需要反思自己的行為。我們是否曾否定過別人單純的心意？是否曾因為在家庭群組或與朋友同事聊天時，因為覺得可以隨意一點就失去了禮儀？這些都是值得思考的。

## 解決人脈壓力的「黃金法則」

約有八五％的人因人脈問題而感到有壓力。但諷刺的是，也有八五％的成功人士表示他們是因為人脈才得以成功。（美國卡內基美隆大學的「成功祕訣調查」）成功人士異口同聲地表示是人際關係讓他們獲得成功，換句話說，沒有人脈是無法成功的。

那麼，成功所需的人脈管理方法是什麼呢？

**第一，要有將人脈視為資產的思維。**

誠實和真心待人的人會擁有好的人脈。相反，指責或輕視他人的人周圍不會聚集好人。別人在排隊但他卻插隊，或是橫刀奪走他人利益的人無法成為富人，也無法獲得巨大成功。

**第二，要遵循黃金法則。**

要不吝表達感謝。關心他人、尊重他人，這些都是遵循黃金法則的方法。

**第三，參加社群活動。**

尋找適合自己的社群、研討會。如果能自行舉辦能發揮自己專業知識的分享論壇，那就更好了。

**第四，定期與朋友聯繫。**

為了持續保持與朋友的關係，定期聯絡或記住對方生日、紀念日並祝賀等都是維持關係的好方法。在數位時代，也可以在紀念日透過社群媒體傳達感謝之情。

**第五，參加捐贈活動或做志工。**

如果經濟上不寬裕，可以不用捐贈，去做志工即可。透過志工服務活動與充滿正能量的人交流，建立人脈。

像「黃金法則」說的一樣，對他人懷有感謝之心是非常重要的。按照想要被對待的方式對待他人，同時渴望財富，就能成為富人。只要不是用不正當手段賺來的錢，那麼錢愈多愈好。

「這真的可行嗎？」充滿懷疑和負面想法的人很難改變固有觀念。但像兒子你一樣學習這個世界的年輕人，會更容易擁有感恩之心、渴望和潛力。只有了解這條路，才能踏上通往財富和成功的康莊大道。

**富爸爸的理財祕訣**

在引領人們走向成功的人際關係中，保持感謝之心的「黃金法則」至關重要。

第1課

富爸爸的祕密課程

# 確實了解「金錢的作用」才能快速累積財富

我們總是關注的「金錢」有哪些功能呢？只有正確了解金錢的功能，才能制定出如何累積財富、如何使用金錢的計畫。

**首先，金錢有多種正面功能。**

第一，金錢是一種交換權。它是用來交換商品或服務的手段。

第二，金錢可以為未來儲存價值。因為即使時間流逝也能維持價值，所以人們會將閒錢存入銀行。

第三，金錢是衡量價值的標準。

第四，可以讓金錢為你工作。舉例來說，利用槓桿。透過貸款增加投資額或提高生產效率，從而謀求更大的成功或創造機會。

**相反地，金錢也有負面功能。**

第一，貪婪。過度的慾望會成為心靈的疾病。有些人不惜踩著別人來滿足自己的慾望。有錢的人為了獲得更多的錢，有時會陷入貪慾之中，這導致貧富差距、消費成癮、不公正等社會問題。

第二，金錢成為衡量權力的標準，這也會產生不平等的問題。

第三，金錢成為腐敗的原因。社會倫理價值消失，道德淪喪。

第四，破壞社會關係。當個人利益被放在首位，人際關係將被商業化，產生疏離等社會問題，社會關係網被破壞，犯罪率增加。

2

PART

# 用有錢人的思維看世界

「兒子啊，如果你像有錢人一樣思考，你就會變得富有。」

# 10 讓金流向你流來

## 有錢人的習慣

**「兒子啊！成為有錢人意味著將別人口袋裡的錢轉移到自己的口袋裡。此外，還要比他人更早將每天印出來的錢據為己有。」**

所以要讓金錢流向自己。而若想讓流向轉向自己這邊，就必須養成良好的習慣。

AI時代已經迅速到來。機器帶來了便利，但爸爸我仍然覺得動手做是最好的，原因有三：

第一，手被稱為第二個大腦。要動手才能活化智力。

第二，產生刻印效果。即使是相同的內容，用手寫會記得更久。

第三，增強思考能力。雖然耗時且手腕會痛，但在書寫的過程中得以深思，我們擁有的最佳工具就是雙手。

有許多方便的**APP**程式可以幫助管理個人的資產，從匯款、資產和負債管理、已投保的保險以及所擁有的車輛價值，**APP**都能逐一計算，甚至還能以圖表形式呈現資產價值的變動情況。使用這些「應用程式」的確很方便，但我仍建議手動記錄個人財務報表。

爸爸已經持續超過十年每個月都製作資產負債表，也會記錄簡易的損益表，每月列印出來裝訂保存。只要確認財產比上個月增加了多少，心情就會變好。公司的許多後輩和同事也仿效我的習慣，記帳並裝訂保存。持續製作財務報表會讓人覺得自己有在系統地管理金錢，會覺得自己是個細心的人，在經濟方面的自尊感也會提高。爸爸每天都在腦海中描繪金錢流入自己手中的畫面，有時會查看裝訂好的帳簿，想像吸引金錢進來的情景。製作財務報表，是爸爸運用潛意識將一疊疊鈔票累積起來的過程。

每月記錄資產和負債，以及收入和支出的習慣是致富的好工具。詳細紀錄，並在下個月持續記錄，這種重複的例行作業是打造出財務系統的習慣。

每月統計收入和支出，準確記錄淨資產這件事看似與家計簿相似，但不同之處在於並不記錄瑣碎的支出，而是以月為單位、粗略地記錄而已。當這成為習慣後，就能明確了解「現金流」和「淨資產」。

資產負債表會呈現某一特定時間點的資產和負債情況，在了解資產的增長情況上非常有用，不需要複雜的格式也沒關係。但隨著成為富人，格式也會變得複雜，能將金錢流向一目了然地呈現在一張紙的頁面內是最好的。這個時候，我們必須了解財富的方程式，也就是淨資產的計算公式。

**淨資產＝（現金＋房地產市值＋債券市值＋股票市值＋企業價值＋保單價值＋汽車等動產總和）－負債**

只有了解淨資產的概念，才能構建出畫面去計畫和聯想未來，並進一步思考人生要怎麼過？為了明天，今天要犧牲哪些消費？

雖然有許多好用的APP程式，但最好的方法還是直接手寫在紙上，或者用Excel彙整存檔，這樣才能一目了然地看到金錢流向。

## 言行一致的習慣

除了寫個人財務報表的習慣外，還有一些基本的品格必須具備，那就是言行一致的習慣。爸爸認為在經營事業時，最重要的就是人脈管理和言行一致。為此，我們必須養成遵守「黃金法則」的習慣，要成為懂得像尊重自己的主張般同樣尊重對方意見的人，以及懂得傾聽他人的話語，這樣才會成功。擅自拉別人下馬或輕視他人，以及指責他人的人是幾乎不可能成功的。

言行一致，在社會上的關係和溝通中扮演著重要角色，它可以幫助人們建立個人品牌並維持自己的信譽。

我們來看看言行一致者的優點。

**第一，確實遵守約定，周圍就會吸引人聚集。**

信任的累積使得溝通變得順暢，溝通能力是判斷成功與失敗的最重要價值。人生的基礎大多建立在與他人的關係上，具備信賴、溝通和關係能力的人，失敗的機率很低。

**第二，這樣的人通常具有一致性。**

如果經營事業，他們會訂好事業的價值和目標，並帶頭向著願景前進，這就是成功者的特徵。

**第三，言語的影響力很大。**

按照他人期望行事的人通常具有真誠，真誠溝通的人擁有強大的溝通能力，成為領導者的可能性也會增加。

**富爸爸的理財祕訣**

以下引用美國作家暨飯店經營者奧里森．斯威特．馬登（Orison Swett Marden）的話。

「習慣在剛開始時就像看不見的細線。然而，隨著習慣的反覆進行，細線會一點一點加粗，最終成為將我們的思想和行為緊緊綁住的巨大繩索。」

# 11 有錢人的思維有什麼不同呢？

回顧歷史，我們可以看到許多曾經繁盛的產業在一夕之間消失的例子，但也有許多新的產業不斷崛起。自工業革命以來，大量生產成為可能，當時製造業的擁有者們可能以為他們的財富能夠代代相傳，然而，有許多產業未能持續經營下去，最終走向消失。

讓我們舉幾個因工業革命而瓦解的產業為例，如紡織機的發明使手工藝品產業日益萎縮，即使如此，也有一些產業在這種變革中存活下來，例如瑞士的名牌手錶製造業。相反地，大量生產手錶的公司要嘛倒閉，要嘛淪為生產廉價手錶。還有其他例子，如生產錄影帶的公司也撐不下去，像柯達這種未能適應數位相機的企業也因此倒閉。無法適應變化或在市場競爭中被淘汰的例子多不勝數。

在韓國有句俗語說「富不過三代」。在個人地主和小商家占主流的一九五〇年代之前，大部分的有錢人家確實難以維持到第三代。然而適應了世界變遷的企業，例如三星和現代等，他們的第三代經營者們已轉型成為全球事業家。即使是個人富豪或小型商家，只要能夠將富人的思維模式和前代的經營哲學好好傳給子女，依舊能夠守住財富。

因此我再次感受到，比起財富的繼承，傳授思考方式是更加重要的。

## 正確了解富人的思維模式

讓我們來看看富人們積累財富的哲學與方法。

**第一，尊重他人，並且總是抱著學習的心態。**

他們具備謙遜的態度，以及聆聽與分享經驗的習慣，始終先為他人著想的謙遜態度是富人們的基本美德。此外，他們樂於傾聽他人的故事，並且毫不吝於分享自己的經驗。

**第二，學習金融、房地產等時時刻刻都在變化的投資知識。**

他們善於聽取專家的意見，或者善用經濟新聞等金融媒體資訊。在經過充分的事前探討後，他們才會決定是否進行投資。

**第三，注重人脈與社群網絡的管理，保持一致性。**

對於大富豪來說，人際關係能力是一項比什麼都珍貴的技能，他們的共同點是透過社交與網絡尋找機會並取得成功。

**第四，學習導師或榜樣的習慣，並且不斷努力。**

理解並運用導師的經驗，可以減少自己所須付出的犧牲與努力，他們將成功者的思維內化，並把對方的失敗經驗當作學習的機會。

**第五，不責怪他人，認為投資結果完全由自己承擔責任。**

在大富豪當中，沒有任何人會習慣性地為自己的失敗辯解，如果有，那麼他可能不是透過正當手段賺取財富的。即使是與他人或其他企業合作的結果，他們也認為既然是自己決定這樣的合作，那麼責任就完全在於自己。

二〇二三年韓國職棒大賽中，睽違二十九年奪冠的LG雙子隊總教練廉京燁的獲勝感言，讓人印象深刻。

**「我們球隊並不是因為戰力太弱而無法奪冠，我想徹底抹去這個球隊中的恐懼與猶豫。」**

他在更衣室裡貼了這樣一句話：「恐懼與猶豫是我的最大敵人。」藉此激發選手們的鬥志。

在所有的投資中也是一樣的，如何管理恐懼與猶豫，決定了成敗。

將子女培養成富人並非易事，但也不是不可能。猶太人出身、接受良好教育並擁有創意思維的馬克·祖克柏就是一個例子。他在創辦臉書時不曾仰賴父母的資金。在韓國國內也有不少新興富豪，如Kakao的金範洙、Naver的李海珍、創造遊戲公司神話的NCSoft的金澤辰，以及BTS所屬公司HYBE的房時爀等。他們都是在未接受父母資助的情況下，開創成功的個人事業神話。他們之所以能成功，都在於他們善於管理恐懼與猶豫。

最好的父母不是那些留下巨額財產的人，而是那些給予孩子良好教育的人。

富爸爸的理財祕訣

與其繼承財產，不如讓經濟思維模式傳承下去。

# 12

# 試著使用有錢人常用的詞彙

## 有錢人的語言

人的身體有九個孔洞。兩隻眼睛、兩隻耳朵和兩個鼻孔。人們透過這六個孔洞來觀看、聆聽和呼吸。如果再加上嘴巴和下半身的兩個孔洞，總共有九個孔洞。

其中，嘴巴的作用最為重要，因為它負責進食、呼吸和說話。

有許多書籍提到「語言是能量」的概念，話語中有波動，而波長會傳到他人身上。美國加州大學洛杉磯分校（UCLA）心理學教授艾伯特．麥拉賓（Albert Mehrabian）在「麥拉賓法則」中提到，人們在判斷對他人的印象或好感時，肢體語言的作用占五五％，聲音占三八％，而話語內容只占了七％。表情、服裝、態度、體型等由肢體表現出的狀態，以及嗓音等聽覺因素，對影響力具有決定性的作用。

實際上，比起話語內容，第一印象和態度、聲音等決定了是否能給人好感。尤其是初次見面時，如果第一句話是「感謝您撥冗見面」或「您看起來真親切」這類的友好話語，會非常有利於給人好的第一印象。

心理學中還有一個被稱為「三秒效應」，也就是在三秒內會決定第一印象的法則，意思是說與對方初次見面時感受到的強烈三秒印象是不會輕易改變的。若想成為富人，建立人脈和維護人際關係就至關重要，以下分享給你幾種透過良好印象來促成協商成功或在關係中取得良好結果的方法。

**第一，表情與溫和語調同樣重要。**

面帶微笑地對待他人可以獲得好感，如果再加上一些讚美或祝福的話，效果會更好。

**第二，不說負面話語。**

與那些常說「完蛋了」或「真倒霉」的人在一起會讓人感到不舒服，要練習把「不行」改為說「可以」。

**第三，附和對方的話會有良好效果。**

回應的姿態會給人一種你是傾聽他人話語者的印象，也能提高與對方的連結感。當對方說話時，注視對方的眼睛，並養成說「沒錯」的習慣。就像朝鮮傳統曲藝板索里的演出中，觀眾會在演出間隙插入「好！」的喊聲來助興，炒熱演出氣氛一樣。

## 你怎麼說，人生就會怎麼過

在做生意的過程中我認識了許多人，讓我為你舉個例子提醒說出的話語有多麼重要。

我曾在招聘員工時面試過一位女性，告訴她公司的財務擔保條件是必須要投保「保證保險」。而這位面試者回答說，由於自己的信用分數太低，難以投保保證保險。我問她信用分數為何如此低，她這麼回答了：

「我天生就是這樣，打從出生以來生活從來沒有寬裕過。」

天啊！世上並沒有所謂生來就倒楣的人。我認為，她把這種認為自己生來就運氣不好的想法告訴別人，說明了她沒有打算進入我們公司。最終，我沒有錄用她。

兒子啊！你應該養成這樣的口頭禪：

## 「我也喜歡錢，但錢更喜歡我。」

要想著嘴巴是啟動大腦的開關，一打開開關，就自動重複「錢愛我」、「我運氣很好」、「感謝金錢」。每天早晨對著鏡子肯定地說這些話，效果會更好。

有時候爸爸我會親自幫公司的業務人員上課，這時我會讓他們寫「欲望卡」，請他們寫下擁有大量金錢後可以做的事情有哪些，並排出優先順序和打分數。愈是渴望金錢的人，業績和收入就愈高。我再次領悟到，不是因為迫切需要金錢才會業績高，而是得要有強烈的意志。

有了錢，人生的選擇就會變多。

《快速致富》一書的作者MJ．狄馬哥下定決心要開藍寶堅尼，並實現了這個夢想。

我們不需要隱藏對金錢的渴望，但這並不意味著要吝嗇對待他人。養成有錢時請客的習慣也是很好的，因為這也帶來了消費的樂趣，花錢比什麼都快樂。要記住，只有使用金錢，其價值才會增加。

那些習慣接受他人款待或吃免錢飯的人永遠不會成為富人。當然，這並不是說要故意拒絕別人的請客。

香奈兒（Coco Chanel）曾說：「我不在乎對方是否富有，我只看他如何使用金錢。」

保持謙虛的姿態和恭敬的語氣是基本，表達關心也很重要，如果能養成說「沒問題」、「一定會順利的」、「會發生好事的」這樣的肯定語氣習慣，這將成為你一生的強大武器。

例如，如果你想表現出馬斯克（Elon Musk）的挑戰精神，就向別人描述馬斯克的優點和你想要效仿的地方。透過將他的成功故事分享給他人，間接地讓他們了解你尊敬這樣的人、讓他們了解你的夢想和希望。即使你不是伊隆．馬斯克，也要讓人留下你嚮往這種人生的印象。

**富爸爸的理財祕訣**

建立良好的第一印象很重要，保持謙虛的姿態和恭敬的語氣是基本中的基本。

投資研究

# 13 沒經過研究的投資無疑是將錢扔掉

投資總是伴隨著損失本金的風險。

尤其是股票、債券及共同基金，這些都很有可能讓你損失本金。而從債券和股票等基礎產品中衍伸出的期貨、選擇權和交換交易等衍生性金融商品，還可能承擔超過本金的損失。相較之下，銀行儲蓄和債券雖然較保守，但卻是一種穩定的投資方法。

普通人要像股神巴菲特那樣挑選被低估的企業，進行價值投資是相當困難的。一九七三年，巴菲特以內在價值估值的四分之一價格買入《華盛頓郵報》的股份。當時他投入一千零六十萬美元，而現在已經增值至十三億美元，足足上漲一百二十四倍。以韓國為例，根據調查，在過去四十年裡，三星電子的股價上漲了四百倍，而江南區銀馬公寓（Eunma Apartment）的價格則上漲九十六倍。

讓我們來看看二〇二二年《富比世》（Forbes）對全球富豪的淨資產估計報告。世界首富是擁有路易威登、迪奧、芬迪、蒂芙尼（Tiffany & Co.）等品牌的貝納德·阿爾諾和他的家族。第二名是特斯拉的伊隆·馬斯克，第三名是亞馬遜的傑夫·貝佐斯。接下來是甲骨文公司的賴瑞·艾利森、波克夏·海瑟威的華倫·巴菲特、微軟的比爾·蓋茲，和大眾傳播媒體公司彭博（Bloomberg L.P.）的麥克·彭博。在韓國國內，三星會長李在鎔排名第二六八名，賽特瑞恩（Celltrion）會長徐廷珍排名第四五五名，Smilegate Holdings創辦人權赫彬排名第五二三名，Kakao創辦人金範洙排名第五三四名。除此之外，三星家族的洪羅喜、李富真、現代汽車的會長鄭夢九、Meritz金融服務集團的會長趙正鎬，和已故Nexon創辦人金正宙的妻子暨NXC理事柳貞賢（유정현，音譯）等人也進入了前一千名的榜單。

除了三星家族的三位成員，現代家族的一位成員，以及Meritz（韓進集團創辦人趙重勳的四子）的一位成員之外，其他人都是在沒有獲得贈與或繼承的情況下，自行創業並取得了成功。值得關注的是，上述的世界第一到第七名富豪也都是第一代的創業者。

透過房地產和股票投資獲得龐大收益的人有很多。投資大獲成功的人是謙虛的，他們不張揚炫耀，因為即使什麼都不做，周圍的人也看得出來。相反地，有些人喜歡表現得好像自己賺了大錢一樣，不停炫耀。還有些人假冒專家，招收付費會員來賺錢。

在電視上分析股票標的或保險保障的人並不是擅長投資或行銷保險的高手。如果他們真的有實力，他們應該會在實際工作中賺到好幾倍的利潤才對。同樣地，在電視上讓觀眾來電諮詢分析房地產或引導產品銷售的人，也應如此才對。

## 事業成功的有錢人

**第一，有些人憑藉與眾不同的創意性取得成功。**

比如具有革新性思維和太空產業的象徵性人物伊隆·馬斯克、電子商務的傑夫·貝佐斯、社群媒體的馬克·祖克柏等。此外，我還想提Netflix的創辦人里德·哈斯廷斯（Reed Hastings），他成為影片串流產業的先驅。還有雖然不是企業家，但打造出濟州島偶來小路的徐明淑理事長，以及創建坡州Heyri藝術村的藝術家們，也是藉由創意思考成功的例子。

**第二，也有些人專注於單一領域並取得成功。**

如專致力於真空吸塵器等家電的戴森創辦人詹姆斯·戴森（James Dyson），以及開發出無需信用卡即可在五秒內完成線上支付的系統的金融科技公司Affirm創辦人馬克斯·列夫欽（Max Levchin），馬克斯·列夫欽與伊隆·馬斯克一起創辦了線上支付公司PayPal。擁有二〇一七年朴城炫在美國女子公開賽中奪冠的川普國家高爾夫俱樂部（Trump National Golf Club）、川普大廈（Trump Tower）等的房地產大亨唐納·川普也是不得不提的人物。還有酷澎（Coupang）的金範錫、外送民族的金奉鎮（김봉진，音譯）、Yanolja的李秀珍（Lee Su-jin）等，這些人都藉由APP程式成為富豪。

## 代表性的失敗案例

曾經排名亞洲富豪榜第二的中國房地產巨頭恆大集團（Evergrande）董事長許家印就是個代表性的失敗案例。他失去了九三%的個人資產，約四十八兆韓元，瀕臨破產。恆大集團在過去兩年間營業損失高達一百零二兆韓元，其旗下子公司相繼破產。未能應對政府政策是造成這個局面的主要原因。雖然建造了大量公寓，但由於疫情清零政策，住房市場陷入低迷，再加上強硬的貸款限制，導致銷售市場萎縮。

在二〇〇八年經濟危機中倒閉的企業不勝枚舉，事實上，國營化的美國AIG集團和荷蘭的

ING集團就是代表性的例子。

我從失敗案例中總結出以下三個原因：

第一，過於強行使用槓桿。承擔超出能力範圍的債務是危險的。

第二，使用錯誤資訊。所有倒閉的企業都有一個共同點，那就是忽視市場緊縮的警訊。

第三，投資決策失誤。他們無法恰當調整需求、供應，以及投資時間點與回收時間點。由於投資資金回收緩慢，卻不斷增加新投資，導致流動性不足的問題。

在《富爸爸，窮爸爸》中，羅伯特．清崎提到富人和窮人的根本性區別，在於他們如何處理恐懼。即使擁有豐富的金融知識，如果在面對障礙時無法克服恐懼，那麼這些人就失去成為富人的機會。不論是房地產還是股票，都應視為是活著的生物。

巴菲特曾說：「股市的設計會把錢從沒耐心的人那裡，轉移到有耐心的人手中。」要透過學習投資知識與投資手感，成為笑到最後的投資者。

**富爸爸的理財祕訣**

要克服對投資的恐懼，沒有比學習更好的方法了。

# 14 如何建立賺錢的系統

二〇二〇年，隨著KBS《搞笑演唱會》的結束，參與演出的喜劇演員們不得不開始擔心生計問題。除了tvN的節目《喜劇大聯盟》外，所有的喜劇節目都消失了。（《搞笑演唱會》在二〇二三年十一月重新復活。）

高人氣的喜劇演員可以參加其他綜藝節目，但失去工作的低人氣喜劇演員，生活則變得十分艱難。有些喜劇演員轉而做外送或做臨時工，但一些富有創造力的喜劇演員卻將危機轉化為機會。他們將自己逗人發笑的才華轉化為內容，挑戰起新的領域。

幾年前的大數據分析結果揭露了一些有趣的事實。二〇一九年五月十四日，韓國《中央日報》的一篇文章列出YouTube上最受歡迎的喜劇節目排名。第一名是《普通兄妹的搞笑對決》，第二名是《Enjoycouple》，第三名是《PSICK大學》。這些YouTube頻道都是由不知名的喜劇演員創立的，並且都有一個共同點，就是只由少少的兩到三人主持節目。比起多人參與演出的搞笑節目，人們對這些由少數人共同策劃的節目反應更熱烈，雖然是僅由幾個人企劃的節目，但絲毫不遜色於投入大量工作人員和鉅額資金的電視臺節目。

媒體的世界正在迅速變化。隨著一人家庭的增加，不看電視的家庭也在增多。可以說，隨著YouTube和Netflix等新興播放系統的崛起，電視頻道被擠下主流地位，成為中老年人在看的媒體。年輕人則選擇只在YouTube和社群媒體上觀看符合自己喜好的影片。

這讓我想起之前曾試著告訴孩子們如何建立收入系統的事情。六年前兒子從軍隊退伍並重返大學時，我以他的名義購買一間住商混和宅，並出租出去。這間位於江南區的住商混和宅租金較高，保證金為三千萬韓元，每月租金為一百四十萬韓元。住商混和宅的售價為三億九千萬韓元，我利用銀行貸款的二億五千萬韓元和保證金的三千萬韓元進行了投資。不足的一億一千萬韓元則動用了兒子從小存起來的錢，以及向外公借的錢。兒子用收到的月租來償還貸款利息，並逐漸償還向外公借的錢。現在他成為上班族，包括從公司拿到的薪資在內，所有的收入和支出都由他自己管理。

作為父親，我盡量不干涉成年孩子們的生活。但如果他們尋求建議，我會毫不猶豫地分享我所知道的一切。我不會直接抓魚給他們，而是教他們如何釣魚。給他們魚只能解決一天的糧食，而教他們釣魚則可以解決他們一生的糧食問題。因此，我想教他們如何透過系統來賺錢。

我也想傳授類似的系統給女兒，因此本來打算贈與她一間店面或正在都更中的公寓。不過女兒對透過負債的方式進行槓桿投資感到抗拒，對資產等於負債和資本總和的資產負債表公式也不感興趣。沒辦法，只好改為贈與她一間零貸款的都更公寓入住權，現在正在準備當中。

二〇二一年，我成立了一間一人企業，主要經營房地產租賃業務，是資本額僅有五千萬韓元的小型企業。每次購買新房產時，我都會透過增資來提高資本額。我也計畫修改這家公司的章程，進而開拓出版領域和銷售領域的業務。

不久前我的兒子表示，如果公司增資，他願意進行股權投資。我很高興這是一個向兒子傳授商業知識和培養經濟眼光的好機會。兒子對經商很有興趣，但我告訴他，最好先在公司工作個十年後再考慮是否要做生意。首先要培養看待世界的眼光，等時候到了再做決定。

## 建立收入管道的方法

通過系統賺錢的方法有很多種。

首先是租賃系統。這是指透過出租房地產、設備或機器來獲得穩定租金收入的方法。

再來是股息系統。持有像三星電子這類優質企業的股票，除了股價變動帶來的投資收益外，還會有額外的股息收入。

第三是網路商務系統。有許多透過網路銷售商品和服務獲得利潤的情況，部落格內的廣告置入也是一種系統收入，之前提到的不知名喜劇演員藉由YouTube賺大錢的系統案例也是其中一種。透過APP賺取的系統收入是一個可以賺大錢的平台，APP可以藉由收取下載費用，或先提供免費下載、再引導用戶在APP內購買虛擬道具來賺取收入，每次點擊廣告也可以獲得收益。或像音樂APP一樣，引導使用者每月支付固定費用訂閱或視聽內容。

此外，還有版權系統、加盟事業的流通系統等。

在AI時代之後，AGI（Artificial General Intelligence，人工通用智慧）時代即將到來。電腦將能夠思考、學習甚至創作，讓人們誤以為它擁有智慧。不論是創作產物還是報告書，未來將很難區分這些究竟是由人還是機器完成的，而這樣的時代正迅速到來。

無論現在的職業多麼風光，也無法保證十年後仍然存在。我們無法保證醫生、律師或會計師等職業在未來仍然受人尊重。那麼，究竟好好教育孩子，讓他們就讀醫學院和法學院是否仍是最有價值的目標？

若要為即將到來的機器時代做好準備，就要關注以人為中心的價值觀。也就是說，我相信具備能培養出人的感性、共鳴、關係、同理心能力的人，才能成為領導者。這類具有人情味（Human Touch）的產業將成為未來的藍海。

**富爸爸的理財祕訣**

**自己獨有的捕魚法，那就是透過系統賺錢的方法。**

# 15 關注世界上正在發生的事情

經濟

「我們之間的關係」。

如果你是二十歲後半以上的人，你應該會記得SK集團的「Cyworld」。當時說「我在玩Cy」，就代表「我正在使用Cyworld迷你首頁」。Cyworld是全球第一個社交平台，曾經讓人們瘋狂於「松果」和「好友」這兩個功能。臉書的創辦人馬克·祖克柏也從Cyworld中獲得靈感，並在解決了某些問題後成功將其全球化。

在桌機電腦的時代，Cyworld迎來它的全盛期，然而當智慧型手機出現後，它未能適應市場的變化。就連擁有雄厚資金的SK集團也無法預測到世界的變化，當時SK集團內部並沒有能真正看出Cyworld平台潛力的人才。

讓我們來比較一下Cyworld和臉書的差異吧。

Cyworld需要使用者自行前往自己關注之人的迷你首頁，但臉書卻是以使用者為中心，自動顯示朋友的動態，只需滾動滑鼠滾輪即可瀏覽，對使用者來說非常方便。

二〇〇四年，十九歲的馬克·祖克柏在就讀哈佛大學期間模仿Cyworld開設了一個僅供哈佛大學生使用的網站。不到一個月，哈佛有一半的學生都加入了。隨後，他將服務擴展到史丹佛、哥倫比亞和耶魯等其他學校，讓他校的學生也可以使用，臉書就這樣誕生並不斷進化。

再舉一個例子，在工業革命初期，荷蘭曾掌控全球貿易的主導權，然而荷蘭專注於商業貿易，沒有像英國和法國那樣開拓殖民地，最終淪為二流國家。

從Cyworld和荷蘭的例子來看，井底之蛙很難在世界上發光。他們存在於被陰影籠罩、只有半天光照的狹窄井底世界。你必須時刻關注更大的世界，了解主要國家的特點將有助於理解世界局勢。

## 日本

鄰國日本是如何成為經濟強國，以及它又面臨了什麼問題，讓我們來看看它的特點吧。

首先，日本追求完美主義。他們不斷研究以生產出無缺陷的高品質產品。

其次，日本人具有節儉的國民性。他們擁有世界上最高的儲蓄率。

第三，日本有著菁英官僚主義文化。他們給聰明的菁英更多機會，這與韓國很相似。

第四，日本擅長使產品標準化並進行大規模生產。然而現在是多品項、小批量生產的時代，可以說日本經濟之所以出現「失落的十年」部分原因在於堅持大規模生產。

第五，政商勾結根深蒂固。不是自律、公平競爭而是政商勾結的積弊須要被根除。

第六，勞動市場僵化。終身雇用制、論資排輩主義、公司與家庭融為一體的理念仍然根深蒂固。

第七，不以模仿為恥。他們反而認為快速模仿對自己有利。由於一百五十年前的「取其所長」（良いとこ取り）模仿思維，日本正逐漸喪失創造力。

## 美國及中國

現為G2（兩國集團）的美國和中國也是我們必須了解的國家。

中國幾千年來一直沉浸在中華思想中，認為自己是世界的中心。相較之下，美國建國僅二百五十年，卻已成為世界最強大國。讓我們來看看這兩個國家的共同點：

首先，這兩個國家成為世界最強者的時間並不長。美國在二戰後掌握了世界；而中國則是在一九九〇年代才登上世界舞台，從開放到成為G2並沒有花很長時間。

第二，這兩個國家擁有豐富的資源和龐大的人口。

第三，在未來一百年內，很難有任何國家能超越這兩個國家。

中國在一八四〇年代鴉片戰爭開始後，在中日戰爭和中法戰爭中接連敗北，顯示出衰弱面貌。然而，中國擺脫西方列強和日本的侵略，並於一九四九年共產化。毛澤東透過大躍進運動和文化大革命確立國家的理念，鄧小平則選擇「實用主義」路線。透過「中國式發展模式」，中國的國際地位提升為G2。

鄧小平的「黑貓白貓論」非常有名，無論是白貓還是黑貓，只要能抓老鼠就是好貓。只要能重建經濟，就算腐敗他也能接受，鄧小平藉由這樣的政策實現驚人的經濟增長。

中國打破了曾由美國和蘇聯這兩個超級大國主宰的世界秩序，與美國平起平坐。以人海戰術和豐富資源為後盾的中國正以驚人的速度成長，儘管美國持續牽制，中國仍有可能在十年內超越美國，成為G1。

作為中國的鄰國，韓國夾在美中外交的縫隙中，處境危險。但韓國仍有生存的出路，我們可以透過IT技術和韓國內容（K-Content）與超級大國競爭，我們的文化藝術和美食等都有引領世界文化的潛力。

最重要的是，我們擁有將危機轉化為機會的民族特性。包含AI在內的第四次工業革命時代即將來臨，韓國擁有「快快文化」（빨리빨리）的速度和勤勉精神，加上優秀的頭腦和創造力，因此我們有著巨大的潛力。

即使中國的人口是韓國的二十倍，但人才的數量並不會是韓國的二十倍。

我們得了解國家的運作方式以及個人的生存方式，不論是國家和個人都應該擁有自己的身分認同。要成為世界級的主導國家，我們必須要變得更大膽，追隨美國或中國、日本的步伐是做不到這件事的。個人也不應過於狹隘地思考，要記住，成功並致富的人，其思維的格局是不同的。

富爸爸的理財祕訣

了解經濟，對金錢的直覺就會變得有所不同，多接觸新聞和報紙吧。

## 16「我的潮你不懂」，這就是最近的趨勢

趨勢

俗話說，危機反而是機會。

一九九七年亞洲金融風暴時，富人變得更加富有。當時股票和房地產跌了一半，成為富人們的囊中物，由於匯率翻倍和利率上升三〇%左右，富人的理財收益反而增加了。

二〇〇八年全球金融危機時，雖然幅度不同，但也出現了類似的現象。貧富差距加劇，富者愈富、貧者愈貧。在新冠疫情時，大多數自營業者都遇到了困難，但也有不少產業利用這一契機而蓬勃發展。

由於俄烏戰爭導致糧食價格波動，消費者普遍受到影響支出增加，但反過來也有些國家從中獲益，國家財力因此增長。

經濟系統如同一台由數萬個複雜零組件組成的汽車，即便是專家也難以預測經濟走勢，因此我們需要有多元化和多角度的廣闊視野來觀察這個世界。

那些在某個領域取得成功並獨占鰲頭的人往往能看到他人看不到的遠景。能比別人多看一點或看得更遠的人，通常在競爭中獲勝的機率更高。

AI世界正迅速到來，α世代和MZ世代已經能熟練地應對演算法的世界，但對老一輩的人來說，要適應新數位世界相當困難。

不久前ChatGPT問世，立刻引發人們的恐慌。隨著AI時代的來臨，人類在要動腦筋思考的事情上逐漸屈服於使用機器。雖然ChatGPT的數據目前還不完善，但經過學習進化的程式將很快問世。

未能適應世界快速變化的企業案例數不勝數。柯達（Kodak）是第一個開發出數位相機的公司，但因擔心底片銷售下滑而推遲上市，結果最終消失在這個世界上。諾基亞（NOKIA）是第一間開發出觸控式功能手機的公司，但因未能預見未來的變化，結果淪為二流企業。無法應對數位相機崛起的拍立得（Polaroid）也是如此。

## 近期的趨勢是這樣的

不久前，我看了EBS《商業評論》中的〈盧佳英的MZ世代後繼者——α世代來了〉篇。α世代指的是二〇一〇年後出生的人，他們一出生就接觸YouTube，並與AI聊天機器人像是朋友般，他們是這樣成長的一代。他們並擁有其他世代無法比擬的社群影響力和消費能力，今後我們須要理解他們的語言和文法，才能應對未來的時代。到二〇二五年，全球有二五％的人口將是Alpha世代，他們正在成為「市場大戶」。

**「我的潮你不懂」，這就是最近的趨勢。**

這句話是由內容專家盧佳英（音譯，노가영）所說，精煉地表達了當今的趨勢。在過去，由大眾分享的流行趨勢曾經存在，但現在的喜好已經碎片化（fragmentation），以至於單一流行趨勢無法成為主流。

大約是小學五年級到國中一年級的α世代孩子們在依據自身的喜好和信念進行消費的同時，也認為自己是世界的中心。當然，他們也真心地尊重他人的多樣性和喜好。另一個值得注意的現象是，他們正在社群媒體上根據各自的喜好組建社群、形成群體。雖然數量因人而異，但小學生通常活躍於三至四個社群中。全球企業可能會競相挖角這些具有包容力的α世代社群領袖。α世代在數位世界中創造出自己的內容並活躍於社群中，這正是我們須要關注他們的理由。

未來，那些記憶力強的人、理解數學公式的人、以及會程式設計並因此獲得高薪的人，將很快被AI取代。

而另一方面，理解並同情他人的學問，如心理學、歷史、文學、哲學等人文學科將變得更加重要。未來，只有那些擁有自己獨特性的人會成功，他們得吸引並聚集與自己有相同喜好的人，成為社群的領袖，才能獲得成功。

我們回不去了。

由AI主播播報天氣的日子不遠了，機器人會成為聊天的同伴，甚至幫忙讀書和做飯。這樣的世界或許會讓人覺得有些淒涼。身為去餐廳用餐的客人，我希望的是從人類而非機器那裡得到一聲問候，因為能從人類溫暖微笑中獲得的感謝之情，是機器無法替代的。

如果我們能將人類的情感與演算法世界的變化結合起來，就能與他人做出不同。一個微小的差異也能讓你脫穎而出的世界正在到來，利基產品將成為產業，並開啟大獲成功之路。答案其實並不遙遠，做出差異化是最基本要求。

富爸爸的理財祕訣

在演算法的世界中，差異化是最基本的。只有接受變化才能生存下去。

第2課

富爸爸的祕密課程

# 尋找物件時，請關注中國「智慧之城」義烏

如果不理解中國就想開展貿易業務，無異於沒有地就想要種田一樣。十四億的中國人口占全球的一八%，雖然中國現在是G2國家，但十年後的地位卻難以預測，這就是為什麼不能忽視中國研究的原因。

對一般人來說，位於中國浙江省的「義烏市」可能很陌生。這裡既不是旅遊景點，也不是大都市，但這裡有全球最大的生活用品批發市場。因此對從事貿易的人來說，這是一個熟悉的城市。如果你想要進口生活用品或是想進軍銷售產業，那麼造訪義烏市場會對你有所幫助。如果是想尋找熱賣商品的人，也一定要來這裡看看。

這座城市以「小規模交易首選義烏」而聞名，從襪子、飾品、工藝品、化妝品、毛紡織產品到照明設備等，擁有二十多個種類的展場，是其他城市無法比擬的。

二〇一六年時我經營著一家貿易公司，你大伯父幫我管理公司，透過他我得知了義烏這個城市。

我立即安排去中國出差的行程。首先要拜訪位於山東省淄博市的陶瓷製品製造公司，選定進口品項並簽訂合約，這是此次出差的首要目的。此外我還計畫前往義烏，參觀日用品展場，額外選定一些要進口的商品，這是次要目的。

我請了在青島擔任牧師十五年的朋友H一同前往。他精通中文，擅長與當地僑民交流，對山東省的地理也非常熟悉。抵達青島的隔日，我們出發前往淄博。透過H的幫助，我們包了一輛車，計畫進行青島到淄博的二天一夜行程。我們在淄博停留一夜，然後爸爸我和大伯父打算乘坐巴士經由杭州前往義烏，H則打算乘坐包車返回青島。

我們拜訪淄博的貿易商，並參觀工廠。在約一小時車程後我們抵達工廠，工廠的工作環境十分惡劣，視野之內塵土飛揚，難以辨識前方。地面是泥土地，屋頂和建築物也很老舊，是彷彿即將漏雨的木結構建築。

在淄博下單訂了一套四口之家使用的餐具組合和茶杯茶壺組合後，我們乘車前往杭州，再換乘接駁巴士前往義烏。抵達義烏後，我們搭乘計程車前往預訂的住宿地點。

從第二天開始，我們參觀了義烏的日用品商店，所見所聞令人驚訝不已。多到數不清的門市數量十分驚人，價格更讓我大吃一驚。這裡的價格大約只有韓國購買價格的十分之一左右。如果將這些商品進口到韓國販售，可能會帶來驚人的利潤。當然，還要考慮報關費用、關稅，以及國內的物流費用，但以投入的資本（成本）來看可以獲得三倍收益，並與國內販售的價格相比，能取得超過五成以上的利潤。更令人驚訝的是，這裡的商品應有盡有。義烏這座城市吸引了來自世界各地的貿易商，包括非洲的商人也會前來採購。

在韓國售價五千韓元的雨傘，這裡只需五百韓元就能買到。二萬韓元的釣魚椅這裡只需二千韓元，韓國街頭攤販賣的二千韓元髮帶或耳環、戒指等首飾，這裡只需一百韓元就能購得。義烏市場並不零售，這裡進行的交易至少是要數百件起跳的批發交易或貿易交易。

我們在義烏市場整整逛了三天。

## 這時，我了解到幾個事實

首先，義烏什麼商品都有。當地的導遊開玩笑說，這裡甚至能製造坦克車。

第二，在規模上無可否認。義烏市場光是營業面積達就到六百四十多萬平方公尺，相當於約八百七十個足球場（一個足球場約為七千三百五十平方公尺）。市場內有七萬五千家商店，工作人員高達二十一萬名，經營的品項超過二百一十萬種。（二〇二三年五月一日《首爾經濟日報》）

第三，價格令人震驚。這些商品的價格似乎連付材料的成本都不夠，是怎麼辦到的呢？儘管人工成本低廉，資源豐富，但怎麼能以幾百韓元製造出這樣的商品？這是一段令人驚奇的經歷。

返回韓國時，我們從義烏搭乘高鐵抵達上海，然後轉乘地鐵前往機場。下面記錄了當時讓我印象深刻的幾件事。

第一，進入義烏車站候車室的那一刻，我被震撼到目瞪口呆。數千名中國人的喧鬧聲讓我措手不及，這是我生平第一次感受到這樣的噪音，甚至超越了軍隊靶場的噪音，我根本無法與人就在旁邊的大伯父說話。

第二，即使坐上高鐵，噪音依然不減。許多人在整個車程中都在用手機大聲通話。有人甚至把活雞裝進包袱裡帶上車，這讓我聯想到四十五年前放假時搭火車去你大伯父家玩的場景。

第三，行李檢查次數很多。乘坐高鐵時也像在機場一樣，必須檢查身體和行李，搭乘地鐵時也要檢查行李。可能因為這是社會主義國家，個人隱私被忽視了，但很多人都順從著國家的政策。這次為期六天五夜的短暫旅行使用了飛機、巴士、包車計程車、一般計程車、高鐵和地鐵，除了船外，幾乎體驗了所有的交通工具，是一次意義深遠的體驗。

「中國義烏國際商品博覽會」於每年十月舉行，如果有機會，我想和兒子一起去一趟。不僅是為了進口商品，更是為了讓你見識廣闊的世界。義烏博覽會是一個具有巨大影響力的消費品博覽會，不僅是中國本土企業，外國企業也能透過這個平台開拓行銷網路。

義烏是世界最頂尖的批發城市。雖然深圳、廣州等也是類似的城市，但如果想同時看到更廣泛的商品和國際趨勢，義烏無疑是最佳選擇。

**親愛的兒子，請記住這句話：**

記住，世事無常，因此在順境中避免過度得意，在逆境中避免過度沮喪。

Remember that there is nothing stable in human affairs; therefore avoid undue elation in prosperity, or undue depression in adversity.

—— 蘇格拉底（Socrates）

# 3
PART

# 穩定投資的七個祕密

「寫給謹慎又細心的女兒的投資方法」

# 17 若想要小心謹慎、穩健的投資

## 安全的投資方式

我的兒女是剛步入社會，工作四到五年的社會新鮮人。身為爸爸並不干涉兒女的理財決策，但如果他們尋求建議，我會盡我所能地提供意見。

即使是從同一個肚子裡出生的，女兒和兒子的性格卻截然相反。不過這不是因為性別的不同，只是天性本就如此，因此這次我會給予與他們各自性格相符的理財建議。

兒子不急躁且沉著冷靜，富有挑戰精神。此外因為他還年輕，所以即使有風險，能獲得巨大收益的積極型投資風格似乎更適合他。

相反地，女兒的性格則與重視原則的媽媽相似，沉穩且較寡言，每當坐下來學習時，她

的耐性強到可以久坐不動，這種性格使她更適合穩健的投資風格。

首先，讓我介紹適合我們謹慎細心女兒的投資方式。

## 現金性資產

報紙曾刊登過一項針對韓國四大商業銀行私人銀行中心（PB Center）的投資顧問的調查。（二〇二二年二月八日，《韓國經濟新聞》「金融資產黃金組合」）顧問們一致建議資產配置中應該至少有二〇％為現金性資產。

現金性資產指的是現金、銀行存款和黃金等。雖然接受問卷調查對象是銀行職員，因此可能偏向引導人們存款，但在金融危機或個人遭遇意外、危機情況時，確實需要現金性資產來應對，這能帶來心理上的安定感。

現金性資產在廣義上來說是流動資產，指的是可以輕易變現的資產，代表性的例子包括短期存款、債券、股票，以及可以自由存取款的基金（MMF、CMA、MMDA）等。具備流動性的資產大致上是安全的，風險較低且與金融機構的交易費用較低。

債券包括由國家或地方政府發行的國債、公債和由企業發行的公司債。公司債的收益率雖然高於國債和公債，但風險也更大，如果要購買公司債，務必要投資於優質企業的公司債券。

持有黃金也是一種方式。即使不放在家中，也可以存放在銀行保險箱內。此外，也可以買進貴金屬ETF間接投資於黃金。大多數富人將黃金視為保險性資產。雖然黃金價格波動也會帶來收益，但由於黃金不受匯率或國際局勢變化的影響，價格相對穩定，因此他們偏好黃金投資。

接下來，來看看外幣存款。首先我們須要了解什麼是儲備貨幣，它指的是在全球市場中廣泛流通的貨幣，主要取決於國家的經濟規模和該國金融市場的穩定性。目前主要儲備貨幣包括美元（USD）、歐元（EUR）、日元（JPY）、英鎊（GBP）和人民幣（CNY）等五個國家的貨幣。與其他國家貨幣相比，主要儲備貨幣也像黃金一樣被歸類為相對安全的資產，亦可以期待匯率波動帶來的收益。此外，它還具有能避開國際局勢變化風險的優點。

以目前日元走低（日元貶值）的情況，趁此機會加入日元存款也是不錯的選擇。不僅可以以較低的費用享受日本旅遊，日後將日元存款兌換回現金時，也可能獲得不錯的收益。

## 偏好穩健投資的人群

那麼，偏好銀行存款這樣穩健投資方式的通常是哪些人呢？

一般來說，年齡較大的保守投資者、準備退休的人士，以及對債券或股票等投資經驗不足的新手初學者，較可能傾向於這類穩健投資方式。

經濟就像一個活的生命體，有自己的生態系統和循環機制。換句話說，理解經濟生態系統和循環機制，就能預測未來的經濟形勢。如果能預測未來，就能找到既降低風險又獲得最大收益的投資方式。

儘管如此，如果仍希望進行更安全的資產投資，那麼黃金投資或外匯投資是不錯的選擇。

如果這些都不適合，那麼房地產投資也是一個好選擇。

雖然人們通常認為房地產投資需要大量資金，但其實還有很多可以小額投資的方法。只是，不管是什麼投資，所有投資的責任最終都須由自己承擔。即使是私人銀行中心或證券公司的專家也無法做出準確預測未來的投資，他們也只是根據看到的客觀事實提供建議和意見而已。

如果追求穩定性，還是應該要了解一下各類金融產品。

銀行存款或國債和公債都是安全的資產。不過，要確保所投資的金融機構受「存款者保護法」（類似台灣的存款保險條例）的保護，而為了獲得「存款者保護法」的保障，最好將資金分散在多家金融機構中，並在保障範圍內進行投資。當然，也要仔細比較各機構的利率和條件。

另外，ETF（指數股票型基金，Exchange Traded Fund）也是相對穩健的投資方式，ETF的優勢在於擁有多樣化的投資標的，可以分散風險，且交易手續費也相對低廉。

基金（Fund）是一種將投資委託給管理公司的方式。加入前須了解投資期間、管理方式、手續費等，並慎重選擇證券公司和管理公司。

不是單靠節儉就能致富，也有不少人儘管省吃儉用卻依然貧窮。同樣地，從事某一特定產業或職業也不一定就會成為富人。然而，擁有成功心態的人無論從事何種產業或職業，都更有可能成功。

要致富就必須渴望財富。並且要學習金融產品的知識以獲得致富潛力，掌握實現目標的方法。

富爸爸的理財祕訣

如果追求安全性，請關注房地產、黃金、外匯以及ETF。

# 18 薪資是存出第一桶金的機會

職場生活

爸爸的帳戶裡定期會收到營業收入、股息收入和租金收入。

儘管如此，這個帳戶不過是現金短暫停留幾分鐘的通道，錢剛到位就要立刻用來還貸款和利息、支付保險費、水電費和信用卡帳單。錢一入帳就立刻快速匯出支付該付的款項，快點處理心裡才會覺得舒服。付完款後帳戶裡幾乎所剩無幾，即使有剩，也會用來提前支付下個月的信用卡帳單。

很快地帳戶就會變空，然後直到下次發薪日為止都靠信用卡來支撐生活。然後每個月的月底，我會製作個人資產負債表，並整齊地裝訂成冊。就這樣，一個月接著一個月，跑滾輪般地以這種機制過日子。

其實許多上班族也是這樣過日子的，即使薪水入帳，但繳納完儲蓄、公共費用和信用卡帳單後，帳戶就變得空空如也。接著生活上又得依賴信用卡，不斷重複這種循環。

以爸爸的情況來說，我只有在二十多歲存到第一桶金之前使用銀行儲蓄。剛踏入社會時我開了儲蓄獎勵帳戶和認購儲蓄帳戶，因為覺得房屋認購儲蓄是為了申購公寓必備的。而那之後直到現在為止，我不再存錢到銀行。

開始上班後，我把每個月薪水中的三十萬韓元匯給你們的奶奶，讓她償還爺爺的債務。除了一部分儲蓄和生活費，其餘的錢都投入到股市中。而在三年後，償還你們爺爺債務的負擔消失了。

我把到期的定存再投資到股票市場。每個月我都會在日記本上標註公開募股的申購日，這雖然勞神費工，但我從不錯過。當時，申購公開募股須要親自前往自己開戶的證券公司，手動填寫多張申請表，並將申購保證金存入帳戶。由於競爭激烈，即使申購一百股，也可能只有幾股到手。這過程雖然繁瑣，收益也不多，但作為當時窮得苦哈哈的職場新鮮人，錯過這些機會是會後悔的。

我在就業後擁有了信用卡，以及每個月可以開出十張家計支票，雖然家計支票現在已經不存在了。當時每張支票可以寫上最多三十萬韓元的金額，一個月十張的話，在當時是相當於幾個月薪水的鉅額。這些家計支票加上從大學四年級開始的股票投資和薪資，成為一筆可觀的第一桶金。

我從五百萬韓元起步，於三年內逐漸增加投資本金。當時正值一九八八年奧運會後的經濟繁榮期，絕大多數的投資者都能獲得正報酬，我也因此在三年後獲得了可觀的投資回報，並賣掉一部分股票，購入二十二坪的首爾上溪社會住宅作為我的第一間房地產。由於使用全租，所以實際上投入到房地產的資金只有約一千萬韓元。公司以年利率四%的低利率提供了三千萬韓元的購屋貸款，當時只有極少數公司提供這樣的員工福利，而那時金融圈的公司才有這種優惠。

爸爸剛開始工作時，定期存款的利率有八%左右，貸款利率則約為一三%。因為存款的利率高，所以即使只把錢存在銀行也能成為有錢人。此外，一九八八年奧運會後股市一片繁榮，只要選對標的，就能獲得比銀行存款更高的收益。證券公司營業大廳人滿為患，不僅老年人，連拎著購物籃的大嬸們也蜂擁而至，甚至那時有很多證券公司的辦公室就設在市場裡。午餐後，我和同事會利用零碎時間衝向證券公司辦公室，站在人群中踮起腳尖，觀看自己的股票價格如何變化。如今投資者已不須要親自去證券公司確認股價了。

如果下定決心要成為有錢人，首要任務就是累積第一桶金。按月按時地把薪水存進銀行是最方便的方式，無論是一千萬韓元還是五千萬韓元，你都須要設定一個確切的日期及目標金額。制定一個月、一年、五年的財務計畫，並進行時間管理。

還有，每個月製作一份資產負債表，逐一劃掉已達成的目標。儘管現在得依賴勞動所得，但為了自己積累的第一桶金，應該要發揮創意，仔細準備，讓你的第一桶金能為你賺取更多收入。

雖然這只是爸爸的個人期望，但我想說，（在扣除基本生活費用後，如果可以的話）我希望你每個月從薪水中存下二百萬韓元（台幣約四萬八千元），其中的一百萬韓元儲蓄起來，另外一百萬韓元每月用來購買優質公司的股票。這裡所說的儲蓄包括實支實付保險費和終身保險費各十萬韓元，認購儲蓄十萬韓元，其餘八十萬韓元則建議存入儲蓄獎勵帳戶（類似台灣的「青年儲蓄帳戶」）。

富爸爸的理財祕訣

初期的職場生活是累積第一桶金的好機會。

# 19 不要模仿，做自己真正想做的事

自我啟發

成功與自我啟發的內容隨處可見。愈來愈多人聲稱可以透過副業賺取比正職更多的錢。雖然選擇適合的內容很重要，但最關鍵的不是獲得技術，而是要先確認這是否是自己真正想做的領域。如果覺得這個領域適合自己，那麼選擇能夠激發動力的內容會更好。

沒有必要一味模仿別人成功的方式。應該選擇自己認為最重要、最喜歡且能夠勝任的項目。

近來愈來愈多人在尋找致富與成功的祕訣，有些人甚至不惜負債以投入自我提升。由於這種需求，疫情期間線上課程市場爆發式地成長。然而，盲目追逐所謂的「成長」這種模稜兩可的詞是沒有意義的。即使讀了一百本自我成長的書，貧窮的人仍舊貧窮。他們不了解富人操作金錢的訣竅，僅只是夢想成為富人。我們要學習的是富人的思維與習慣，邊羨慕富人邊僅僅模仿外表是沒有效果的。

《上班前的關鍵1小時》這本書大受歡迎，許多人因此建立了早起的習慣。然而，過度強迫自己改變習慣並不好。充足的睡眠是保持健康的基礎。為了精力充沛地度過一天，不應該勉強減少睡眠時間。

如果不是睡到凌晨就醒來的長者，而是在如你們現在還需要大量睡眠的年紀，（違背體質地）放棄凌晨的睡眠來進行自我提升可能會適得其反。只要利用零碎時間，或是每週、每月抽出一兩次時間專注於自己喜歡的領域便已足夠。

## 如何找到好的線上課程

世界上充斥著許多以專家身分自居的人，向想成功想到沖昏頭的人們收取學費。這些人並不具備真正的專業能力，大多是利用系統來招募一頭熱地栽入自我開發的人。在網路上搜尋自我開發課程是有訣竅的。

光是考慮到下列兩點，就可以篩選掉大部分非專業的講師：

第一，如果是從新冠疫情前就已在官網開設課程，具備豐富經驗及知識，那麼這種講師通常值得信賴。

第二，有些講師會提供免費試聽課程，先讓學生試聽課，再招收想上課的人，這通常表示他們對自己的課程有信心。

## 爸爸的人生下半場

有些人建議爸爸寫一本關於房地產投資的電子書「每月收租的房地產投資祕訣」，建立自動賺錢的系統。作為參考，電子書（如果賣得好）版稅收入比紙本書更高。

前不久也有出版社建議爸爸寫網路小說，問我為什麼不選擇這條能輕鬆賺錢的路，而要練習寫不賺錢的純文學創作。爸爸曾一度猶豫，但最終還是決定選擇自己喜歡的事情，而非僅僅追逐金錢。我還處在學習如何寫小說的階段，爸爸相信只要慢慢前進，走著走著終有一天會來到「這條路就是我要走的路」的時間點。我的極限是別人決定不了的，即使年紀大了，我也不想提前為未來設限。到死為止、到結束的那天為止都要持續走在自己覺得重要的路上，爸爸認為這就是我自我提升之路的終點。

爸爸最印象深刻的書當然是《三國志》。

小學時，我第一次讀了樸鐘和（號月灘）的《三國志》（三星出版社，1968）五冊，後來我又再讀了三遍。李文烈的《三國志》（民音社，2002）十冊至今還放在辦公室的書架上。爸爸藉由這本書不斷擴展想法至今，遇到問題時也得到了不少啟發。

統一日本並引發壬辰倭亂的豐臣秀吉、德川家康出現在《大望》（東西文化社，2005年）一書中，也帶給我深遠的影響。這本書改變了爸爸的人生觀，讓我變得更加積極進取、嘗試挑戰。與規模磅礡的《三國志》不同，這本書細膩地描繪了登場人物的心理，具有獨特的魅力。

十五歲時，我閱讀了三星出版社出版的《世界文學全集》五十冊，這是改變爸爸人生的重要契機。讀小說時，我與主角產生共鳴，逐漸提升了思考能力。

高中時我加入了文學社，開始寫詩，但後來選擇與文學完全無關的職業，成為一名上班族與企業家。

直到前幾年，爸爸開始透過線上課程學習寫作，並開始寫散文，在很短的時間內出版了幾本散文與自我提升的書。現在我正在上「小說創作教室」課程，興致勃勃地學習小說寫作。雖然目前只是一名初學者，但我以挑戰文壇出道為目標而努力著。或許是年輕時讀過的書籍所帶來的感受，這讓我重新被文學世界吸引了吧。

我在寫作時感到非常幸福與滿足。雖然有人說創作是痛苦的，但作品完成時的喜悅難以用言語形容，甚至會感到後悔為什麼沒有早點過上這樣的生活。也許可以在長期閒置的土地上蓋個建築，經營出版社、書店和讀書咖啡廳等與書籍有關的事業呢？

只要能夠投入與書籍相關的事業，即使不能賺大錢也無所謂。現在，只要能投入幸福的事，這樣的人生本身就已經足夠了。爸爸想要在那裡打造寫作工作室，可以喝喝咖啡，與客人們聊聊天，度過與人們融洽交流的餘生。希望我的孩子們也能真心為爸爸的人生下半場加油。

**富爸爸的理財祕訣**

**只要是自己想做的領域，就透過自我成長來追求幸福吧。**

副業

# 20 若看到機會，不妨試著挑戰

女兒啊！光是成為一個領薪水的上班族，就已經是很了不起的成就了。但是，就算每個月儲蓄一半的薪水，要存到幾千萬韓元或一億韓元的第一桶金仍需要很長時間。

這時為了要讓時間點能提前，有些人會積極思考尋找其他收入來源。透過社群媒體、經營YouTube或寫書等副業可以賺取額外的收入。當勞動收入與營業收入結合在一起時，就可以讓自己設下的購屋、全租轉換等達標時間提前。

我想談談博多．薛弗的《小狗錢錢》這本書。書中，作者把透過儲蓄獲得的利息比喻為「下金蛋的鵝」。二〇〇一年這本書被翻譯成韓文後，「下金蛋的鵝」這個比喻立刻跨越經濟領域，成為全民普遍使用的語詞。此外，二〇〇一年出版的《經濟蕭條中：7年賺到15,000,000》一書中提到的「財務自由」一詞也大受歡迎。

然而，現在已經不是「錢錢」的時代了。博多．薛弗在書中推薦的方法，例如「口袋裡隨身攜帶百萬韓元（台幣約二萬四千元）的備用金，盡量不要使用」已經過時了。現在即使口袋裡沒有現金，也可以透過信用卡或APP進行支付。

## 以自我品牌一決勝負的時代

如今透過網路做生意已成為商業模式，利用網路銷售產品、遠距教學、遠距服務等都是典型例子。

YouTube是一個開放系統，任何人都可以上傳個人影片，是曝光在大量觀眾前的好方法。你可以建立自己的品牌，發布影片或進行直播。YouTube上有數不完的各種主題和內容，無論是遊戲、美妝及時尚、烹飪、旅遊、教育還是娛樂等，應有盡有。

讓我們來了解一下在YouTube或IG等社群媒體上建立自我品牌並取得成功者的特徵有哪些吧。

第一，必須做出差異化。和其他人做一樣的事是沒有競爭力的。

第二，必須要得到信任。也就是必須得到大眾的認可才能成功。我也曾經開設過YouTube頻道並上傳幾支影片，但由於訂閱人數太少，未能成功實現大眾化。

第三，必須保有與消費者間的連結。要有能打動消費者內心的連結點。在消費者心裡留下正面印象才能長久保持品牌的價值，這是事業成功與否的關鍵。

許多超級巨星開設了一人經紀公司，成功地將自己產業化。尤其值得注意的是在選秀節目「Mr. Trot」中贏得冠軍的林英雄，他本人就是個行走的產業。二〇二〇年，瀕臨破產的雙龍汽車邀請他成為代言人，而他在雙龍汽車的起死回生上發揮了決定性作用。不僅作為廣告代言人，他的演唱會也吸引大票粉絲。他克服苦難成功翻轉人生的故事，就像世界級偶像團體BTS一樣已然成為一個產業。

或許你會好奇為什麼爸爸會在談到書籍時突然提到一人媒體。在爸爸看來，我覺得女兒在某些方面很像我。不僅在寫作上有成功潛力，感覺也可以利用時尚和美容等題材創作YouTube影片。

前陣子因為妳住的住商混和宅全租保證金的擔保問題而吃了些苦頭。當時我看了妳寄給房東的「存證信函」內容後大吃一驚，因為信中的語句和內容太完美了，把整個情況濃縮成概要寫下，就像一份整理得當的報告。擁有掌握摘要的能力、能創造關鍵字的人嶄露頭角的時代即將到來，進到AI時代，具有這種能力的人才能展現出與他人的差別性，獲得認可。

「斜槓」這個詞現在很流行，但如果做不好可能會適得其反，所以我認為斜槓兩個工作是最合理的。這並不是叫你一定要從事兩份工作賺錢，而是在專注於主業的同時，無論是在自我提升還是挑戰其他領域上，都要經常保持開放的心態。

當然，女兒妳的選擇是最重要的。妳一邊在公司工作，同時還在讀研究所，並準備著技師考試，身體可能會感到疲憊，時間也會顯得不足。但爸爸只是希望妳能了解，妳的才能不僅限於專業領域，還有很多其他領域都能展現妳的才華。如果妳想發展副業或進行自我提升，隨時都可以隨心所欲地去做。爸爸永遠支持妳。

**富爸爸的理財祕訣**

**現在是一人媒體等個人產業當道的時代。**

機會

# 21 有些機會就像海浪般接踵而至

旅行的美妙之處是什麼呢？

旅行既能累積回憶，以及能學習到新事物，不論學到了什麼。跟喜愛的人一同旅行會在記憶中留下深刻的印象，無論是跟團還是自由行都很好。

我經常和我的女兒一起旅行，除了美國、加拿大，還去過歐洲、亞洲、澳洲等地多次，女兒在大學時期也曾去新加坡當過交換學生。

從小接觸外國文化的女兒擁有了獨特的視角來看待世界，雖然這點她自己可能並不清楚。不過，這些在異國的難忘經歷和資訊已經成為記憶膠卷，儲存在她腦中，旅行中的經歷會對一生產生影響。

二〇一九年，我們一起去歐洲旅行。當時她是剛步入社會的新鮮人，在L電子公司擔任研究員，但由於每次產品開發會議上都必須提出創意點子，她承受了極大的壓力，甚至考慮要辭職。為了幫助女兒紓解壓力，我們倆出發去旅行。

在旅行中我們聊了很多。我告訴女兒，如果壓力太大，離職也沒關係，換一家公司工作也好，準備成為專利師也行；如果覺得時間壓力太大，放棄研究所的課程也沒關係，我會無條件地支持她的。

旅行有助於塑造價值觀，也能提升自尊感。此外，還能培養開拓精神與挑戰的勇氣，這些旅行帶來的效果是無法用金錢購買的。

二〇一五年我們全家一起去歐洲旅行半個月，當時女兒是大學生，兒子則是重考生。我們到達德國法蘭克福機場後各自解散，按照各自的喜好進行歐洲旅行，並約好在十三天後於捷克布拉格集合，再一起進行為期兩天的家庭旅遊，然後返國。

媽媽和女兒前往德國和法國旅行，兒子在瑞士和義大利待了十三天，而我則在德國鄉村的民宿中度過，休養疲憊的身心。後來兒子表示他在瑞士伯恩的民宿中與非洲人同寢室時曾感到害怕，但他憑藉冒險精神和進取的心，最終順利完成旅行。

## 用服裝、語氣與笑容提升自我形象

正式的西裝逐漸消失於街頭，取而代之的是以休閒風格為主流。在疫情期間，居家遠距辦公人士增多，而疫情結束後，以往穿著西裝和正式套裝的典型上班族形象逐漸消失。愈來愈多的上班族脫下西裝、大衣與皮鞋，改穿牛仔褲、T恤和運動鞋。

近來有許多人認為穿著得體才能獲得尊重，他們認為外表和時尚是重要的競爭力。

雖然人們常說「不要以貌取人」，但事實上，人們往往透過服裝和配件來評價他人。然而也有一些人對時尚完全沒有興趣，那些不會穿搭的人也被戲稱為「理工系時尚」、「御宅族時尚」或「時尚恐怖分子」。

與外貌和時尚同要重要的還有自我表達的話語及微笑，充滿自我肯定想法的人會用溫柔的語氣和微笑面對他人。能夠讓別人感到幸福的人通常是自尊感受高的人。與其當一個解說者，講解自己擁有的知識，不如當一個能讓有苦惱的人變幸福的諮商者，這樣的話，你就會成為受歡迎且重要的人。

做一個懂得塑造自我形象的人吧。

**富爸爸的理財祕訣**

旅行能開闊視野，因為你不知道什麼樣的機會會如浪潮般襲來，同時也要把自己塑造出時尚有型的形象。

# 22 安全資產和投資資產該如何配置？

## 安全資產

爸爸認為最安全的資產是「黃金」。黃金的投資收益率雖然不高，但波動性最低。因此，爸爸將資產分為現金性資產、安全資產、投資資產、股利資產和無形資產。

- 現金性資產包括黃金、存款、債券、ETF等。
- 安全資產包括黃金、美元等主要貨幣、房地產。
- 投資資產是指股票、基金、期貨投資、衍生商品投資，以及投資在收益型房地產的資產。

- 股利資產的代表是股票。
- 最後，無形資產包括版權等權利收入、內容收入、銷售系統收入、軟體系統收入等。

幾年前爸爸在為公司員工講課時，曾用同時期克萊斯勒的A型車和現代的Sonata車型價格變化來說明。因為當時推出了美元保險，而業務希望我說明美元好在哪裡，因此為了讓他們容易理解，便使用汽車價格來進行比較。

過去十年間國產車的價格與進口車相比上漲一．五倍，克萊斯勒車型的價格在十年內從三萬美元漲到三萬五千美元，但Sonata的價格卻翻了一倍以上。雖然這是個簡單的比較，但這個比喻足以說明美元貨幣價值相較於韓元更為穩定。

## 經濟狀況如何？看看美元的走勢吧！

二〇〇八年金融危機後美國經濟開始萎縮，部分原因是受到中國等地低廉勞動力的競爭壓力影響。然而更主要的原因是房價下跌，以及次級房貸的違約率上升。在經濟衰退的情況下，美國選擇透過增印美元，成功從經濟衰退的泥淖中脫身。

面對因疫情引發的經濟停滯，美國再次實施量化寬鬆政策，印刷大量美元並發行國債。

不論是出於自願還是被迫，美國每當遇到困難時，便透過量化寬鬆政策來拯救本國經濟，同時將經濟衰退的壓力轉嫁給其他弱小國家。由於疫情期間大量印刷美元，導致通貨膨脹隨之而來，但美國再一次將通膨的負擔轉嫁給其他國家。也因此出現「King Dollar」（強勢美元）這個說法，意思是美元就是皇帝。

下面引用二〇二〇年四月二十六日《Edaily》的報導：

**（……）美國憑藉強而有力的美元霸權，推出相當於韓國迄今為止一年預算（五百一十二兆韓元）六倍的振興經濟政策。（……）然而發展中國家的情況卻大不相同，與那些可以隨意印鈔並推出強大振興經濟政策以保持本國經濟信心的先進國家不同，這些國家印鈔愈多，貨幣價值就愈下降。由於無法實施強而有力的財政政策，他們對於因疫情而日益衰退的經濟也束手無策。**

**（下略）**

二〇二三年八月，全球信用評等機構——英國公司惠譽（Fitch）將美國的信用評等下調一級，從原本的AAA下調至AA+。美國政府立即反駁，當時的拜登政府聲稱這是由於川普政府執行量化寬鬆政策所致。另外兩家信用評等機構穆迪（Moody's）和標準普爾（S&P）調整美國國家信用等級的可能性也正在提高。儘管穆迪和標準普爾是美國企業，但政府很難對其施加壓力。

那麼，我們的韓元又如何呢？要刺激陷入衰退的經濟有幾種方法，只要發行國債或降低利率就可以，又或者中央銀行就得介入並向市場注入資金。但由於美國主導了全球利率，因此我們無法單獨只降低韓國利率。韓國國債在全球市場上並不那麼受歡迎，在物價上漲時，我們無法「火上澆油」般地向市場投放資金。

儘管韓元已成為市場上無法被忽視的貨幣，但其安全性仍不及美元或黃金。因此如果是爸爸，我會將現金性資產放在美元存款或美元保險中。這並不是說要將所有財產都投資於美元，而是在自己的資產配置中，除了房地產、股票等積極型投資的資產之外，應該要持有一定比例的安全資產，如果是爸爸，會按黃金、美元、韓元的順位持有安全資產。

人們貧窮的原因是什麼？或許是因為缺乏教育或缺少機會，但最大原因是「選擇」錯誤。可能是下了錯誤的投資選擇、做出錯失機會的決定，以及沒有像有錢人一樣思考，或不藉助導師的力量、固執己見地做出錯誤的選擇。

在投資中，孔子的中庸和佛家的中道觀點非常重要。凡事不偏不倚的人被稱為「守住中庸的人」，在做出投資決策時若能遵守中庸原則，那麼決策的合理性就會大大提高。追求一夜暴富或急於得到成果的態度並不符合中庸的原則，試圖奪取他人的利益也是不正確的，用奢華的豪宅、高級車和名牌裝飾自己，也不符合中庸之道。

我們應該自行控管好自己的收入，以正當的方式進行投資，把錢交給他人控制而自己卻不關心並不是一個好方法。

學習富人的生活方式，將其內化為自己的習慣，並尋找能夠增值第一桶金和現有資產的投資機會。當資產價值翻倍時，就應該果斷地獲利了結，並尋找投資效率更高的投資機會。透過這樣的投資判斷，以最快的速度成為有錢人。

**富爸爸的理財祕訣**

安全資產與投資資產的配置是個人選擇。以自己的判斷正確投資，快速致富吧。

# 23 透過明智的理財生活來提升財商

金融是生活必需品，在現代社會，沒有銀行帳戶和信用卡（或金融卡）是難以生活的。

如今，透過銀行App、Naver或Kakao等應用程式可以查詢資產、貸款、保險、以及所擁有車輛的價值等各種資訊。這種容易查詢個人信用資訊的便利性，反過來也意味著信用資訊可能被多方曝光，有遭受駭客攻擊的風險。

無論如何，隨著IT技術的發展，金融生活變得愈來愈便利。即使不去銀行，也可以透過網路或手機APP處理大部分的銀行業務。不僅可以匯款到海外，連貸款也可以透過手機來完成，連需要信用評估的企業貸款也逐漸可以透過手機進行。

幾年前出現了一種「開放銀行」（Open Banking）系統，透過主要往來銀行的開放銀行APP，可以隨心所欲地將資金從一個銀行帳戶轉移到另一個銀行帳戶，且零手續費，金融服務真是愈來愈便利了。

## 金融的角色

為了要積累財富，我們必須詳細了解金融。

那麼，金融的功能有哪些呢？

首先，金融的基本功能是寄放錢（舉例來說，定存）和把錢借出去（貸款）。銀行會利用客戶的存款及從央行借來的資金，來提供給其他客戶的貸款需求。

第二，金融幫助人們進行投資。證券公司和投資公司會出售股票、債券、以及各種基金產品，這些間接投資產品也可以透過受託販售的銀行來購買。

第三，金融具有風險管理功能。透過保險產品，人們可以為未來可能發生的人身或財產損失進行準備。

第四，金融協助信用交易並使各種支付系統變得更便利。信用卡可以用來進行商業交易，還可以支付各種公共費用和保險費。

第五，金融可以管理流動性。一定程度的流動性資金應存放在可以隨時提取的活期存款中。這類現金資產也可以放進高利率的產品來進行管理，如貨幣市場基金（MMF）、貨幣市場存款帳戶（MMDA）或資金管理帳戶（CMA）等，它們既容易取款，又具有較高的利率。

## 理解金融並善加利用

接下來，我們來探討為什麼須要了解金融。

**第一，了解金融可以管理好預算。**

支出高於收入是走向破產的捷徑，要減少不必要的開支，避免衝動購物。

**第二，了解金融可以管理好負債。**

債務要控制在自己可以承受的合理範圍以內。貸款了就要制定好還款計畫，有錢時優先償還高利率的債務會比較有利。

**第三，可以具體設定出金融目標。**

面對教育基金、結婚資金、購屋還是退休金等大小事，都應認真逐步做好準備。在你們還小時，爸爸為你們開辦自己的帳戶（銀行MMF），並讓你們選擇將存款保存在帳戶中，或是存入美元儲蓄。

現在回想起來是後悔的，如果把錢換成黃金來保存可能會帶來更高的收益。如何配置投資組合會直接影響到收益率，因此這裡我想表達的是，從養成未雨綢繆習慣的角度來看，了解金融是非常重要的。

**第四，可以讓投資多元化。**

爸爸的資產組合配置是1（金融資產）：9（房地產）。這雖然不是理想的配置，但由於爸爸不投資股票和基金，因此出現這種極端的組合，4：6或3：7可能是更恰當的比例。

如果舉爸爸在新婚初期、四十歲和五十歲為例，我的資產組合產生以下的變化。

在新婚初期，由於專注於股票投資，金融資產占7，其他資產占3；到了四十歲，雖然不再投資股票，但主要投資於儲蓄型保險，因此資產組合大約是5：5；從五十歲開始房地產的比例逐漸增加，現在房地產已經占到九成。

在制定資產組合時，根據自己的年齡和當前情況靈活調整即可。

**第五，要了解金融產品。**

由於產品種類繁多很難全數理解，向金融公司的員工諮詢時，很容易就被他們推銷的產品所吸引而購買，但這不是自己下的判斷，不應僅因為有人推薦就購買。

當銀行或證券公司銷售基金等產品時，可能會誘導你加入銷售手續費高的產品。就像Lime資產管理公司和Optimus基金事件那樣，有時會發生詐欺勢力與金融機構勾結的情況，因此最好選擇公信力較高的金融機構。與保險規劃師面談時，他們可能也會推薦高銷售獎金的產品，因此須要謹慎選擇。

我們要了解產品的優缺點，選擇適合自己的產品進行投資。為了消除這些弊端，近來韓國法律規定在銷售保險時，必須向客戶提供至少三家以上保險公司的產品比較資料。

**第六，先考量利率、通膨等經濟環境條件後再做決定。**

貸款時應比較不同金融機構的利率，選擇固定利率還是浮動利率也十分重要，要仔細權衡哪一個更有利。觀察市場動向也很重要，例如是否因通膨等因素導致市場上有資金大量釋出。掌握最新的經濟和金融資訊，避免錯失良機而後悔，也才能避免損失。可以的話，盡量多閱讀財經新聞或看財經週刊。

**第七，善用各種支援政策。**

可以深入了解並購買「青年未來儲蓄計畫」等青年優惠產品、認購儲蓄、創業資金支援制度、首購貸款等商品。

金融理解度高意味著財商（Financial Quotient, FQ）高，能夠更妥善地活用金融資源。如有必要，向金融機構諮詢有助於加深對金融的理解。

為此，選擇一個適合自己的金融機構，集中交易於一處是個好辦法，可以選擇使用主要交易的銀行和信用卡公司。

學校不會教你如何利用金融，通常要等到成人後有了收入，才開始與銀行、證券公司和保險公司打交道。想要過有智慧的金融生活就必須提高財商，去銀行時可以拿一些產品宣傳單回來閱讀和學習，也可以透過部落格或網路社群獲取和分享金融資訊。隨著AI時代的到來，面對面處理業務的金融分行可能會逐漸消失。將來可能會有更多直購的金融商品，人們不再透過保險規劃師進行仲介，而是直接與保險公司購買金融產品。

要成為富人須經歷三個過程：

第一，好好賺錢（收入）；
第二，節省開支並存錢（消費和儲蓄）；
第三，讓積累的資金增值（投資）。

成為過著機智金融生活的人，提高你的財商吧。

**富爸爸的理財祕訣**

要成為富人，要經歷賺錢（收入）、節省開支並存錢（消費和儲蓄）、以及讓資金增值（投資）這三個過程。

第3課

富爸爸的祕密課程

# 金錢樹有哪些種類？

MJ．狄馬哥在《快速致富》一書中建議我們應該種下自己的金錢樹，所謂「金錢樹」可以分為五種系統。

第一種是租賃系統，包括房地產、設備租賃，版稅收入、著作權費和專利權等。

第二種是電腦系統，透過軟體或APP獲得收入。

第三種是內容系統，透過部落格、社群媒體、YouTube等平台獲取收益。

第四種是銷售系統，如電視購物、連鎖加盟、網路銷售等。

第五種是人力資源系統，包括人才派遣和停車場等業務。

如果想要藉由內容賺錢，就必須有能與人產生連結的故事，故事得引起對方的興趣。爸爸我經常從電影和紀錄片中獲得洞見，並制定新的生活目標。

如果在銷售產品時能夠加入故事，銷量將會顯著提高。電視劇中主角穿的衣服或吃的食物經常會成為新的潮流，因此不論是產品、服裝還是食物，只要有故事的支撐，都會有更大的成功機會。

在經營事業上，為了透過故事創造內容，就要與別人做出差別。故事必須具備吸引力，雖然品質和味道同樣重要，但創造故事也是一種有效的方法。人們對故事充滿熱情，如果在沒有故事基礎的情況下進行說明，這種傳達方式會讓人感到鬱悶且枯燥乏味。但如果在說明事實時，把事實以故事的方式來傳達，人們就會立刻產生關注。

故事是一種溝通的工具。根據麗莎·克隆（Lisa Cron）的《勾引大腦》所述，人們在聽到精心架構的故事時會分泌神經物質多巴胺並感受到快樂。而當感受到故事主角的不安時，大腦會分泌皮質醇，當為主角的安全擔憂時則會分泌催產素，這些化學反應使得讀者或觀眾能夠對故事產生共鳴。

故事行銷能夠加強產品的品牌價值，並幫助與顧客建立情感上的連結。透過感情訴求來引發共鳴並獲得對品牌的信任是一種非常有效的行銷策略。

很多廣告都是透過一句廣告文案來成功地說故事，例如之前某信用卡公司的廣告文案是「祝您成為富人！」並搭配一位拿著蘋果的藝人登場。人們各自對蘋果與富人之間的關聯做出解釋，爸爸在看這個廣告時，自然而然地將富人與紅色連結起來。

還有一個與紅蘋果相關的例子，就是Apple公司。當Apple推出iPhone時，他們使用「A thousand songs in your pocket」，這句把一千首歌裝進口袋裡的廣告文案激發消費者的購買欲。Nike則以「Just do it」這句象徵挑戰的廣告文案成功地表現品牌故事。此外，廣告中的成功案例不勝枚舉。

第四次工業革命的時代已經逼近，未來許多職業將會消失，律師、會計師、程式開發者、記者、作家等知識型工作可能會被AI取代，再也沒有職業安全區可言了，靠記憶力當上領導者的時代將一去不返。

過去，我們活在一個將人分為學習成績好和成績不好的時代。擅長背誦的文科生憑藉記憶力成為律師和精英階層，理科生則因擅長數學成為醫生和富人，成績優異者的成功機率比成績普通的人高出了幾倍。然而，這種用成績做出簡單劃分的時代將慢慢落下帷幕。

親愛的女兒，請記住這句話：

如果你能懂得如何花得比賺得少，那你就擁有了賢者之石。

If you know how to spend less than you get, you have the philosopher's stone.

—— 班傑明·富蘭克林（Benjamin Franklin）

# 4
PART

# 主動投資的六個祕訣

「寫給冷靜但充滿挑戰意志的兒子的
投資方法」

# 24 如果你想在兼顧安全的同時賺大錢

積極的理財

兒子你的性格不像爸爸我那樣急躁，反而比較沉著。你持有現在上班公司的股票，另外，我推測你也有投資國內外的股票。

我在剛進入社會時，也曾進行小規模的股票投資，為了參加公開募股，常常跑證券公司分行。當時，月薪對於爸爸來說是一筆非常可觀的收入，拿到第一筆薪水時的喜悅是難以用言語表達的，所以我逐步增加珍貴的資金，進行股票投資。

每次投資都能成功是幾乎不可能的，即使是專業投資者也會經歷許多起伏，反覆經歷成功與失敗。初學投資者理應更大量地學習，尋找與自己風格相符的投資方式和投資標的。

雖然爸爸自己也在理財，但我儘可能不干涉你的投資選擇，不會過問你的月薪是多少、錢花在哪裡、投資了什麼。我相信兒子你能夠獨立處理這些事務。

儘管如此，爸爸我還是希望你能更快找到捷徑，因此整理出一些只想告訴你的投資祕訣。

**第一，可以考慮學習公開拍賣和法拍投資。**

可以報名專家經營的法拍課程，去上完課程即可。選擇法拍補習班時要謹慎，如今有許多線上課程，所以不一定要去上實體課。學習拍賣能夠幫助你理解權利關係和占有等法律內容，還可以獲得與房地產相關的多種資訊和知識，這將對你的一生大有幫助。當你存夠第一桶金後，希望你能嘗試公開拍賣和法拍投資。

**第二，進行實地調查。**

如果實地調查能和爸爸一起去就太好了，爸爸想傳授你分析地區的發展潛力、學區和交通基礎設施的方法。了解道路規劃和城市商圈運行的機制，就能進行高水準的實地調查和投資。了解計畫城市（新市鎮）的建設過程，對於房地產投資也有很大的幫助。

**第三，購買與停戰線接壤地區的土地。**

培養長期投資的眼光，準備迎接統一時代的到來也是一個不錯的選擇。爸爸建議你投資停戰線接壤地區的土地並長期持有。就像前面提到三星電子或《華盛頓郵報》的股價一樣，總有一天會帶來巨大的收益。

**第四，長期持有國內股票的優良股。**

擁有新材料、新技術的熱門公司股票波動性較大，爸爸希望你盡量避免這類投資，因為熱潮總會退去。建議你投資倒閉風險較低的KOSPI 200的標的並長期持有。就像把每個月薪水的二〇%定存起來的感覺，可以穩定投資於一兩支優質企業的股票。

**第五，投資海外市場時，避免投資中國和日本的股票。**

如果中國成為G1，它就會像美國一樣在國際社會中發揮巨大的影響力，並可能像現在的強勢美元一樣，試圖維持人民幣的高價值。它可能會像美國一樣將自家的通膨壓力轉嫁給小國。總之，目前要投資於中國潛力仍存在很多危險因素。

而日本缺乏活力，在某些領域甚至世界第一的位置也受到威脅。與其投資於日本股票，不如選擇更具活力的韓國國內股票。

爸爸認為，投資於印度、越南、印尼和馬來西亞的股票也不錯。未來是人口強國的時代，擁有龐大人口且發展快速的開發中國家，具有很大潛力。

此外，建議將房地產與股票的投資組合比例調整為7：3。由於韓國國土面積小，人們對房地產的依賴性強，因此房地產仍然是一種穩定的投資。

土地具有不增性，也就是無法透過物理方法增加土地的數量。貨幣價值必然會隨著物價上漲而下跌，這也是房地產價格會隨著通膨率上升的原因。

避險基金（Hedge Fund，又稱為「對沖基金」或「套利基金」）通常由大型機構的投資者參與，而共同基金（Mutual Fund）則有成千上萬的個人投資者參與。投資這類基金產品，藉助專家的力量也是一個不錯的選擇。但是，如果你打算進行期貨投資等衍生產品或加密貨幣投資，那我會持勸阻的態度。

這些都是爸爸長期從事於金融系統，在公司工作十四年，經營二十二年生意的經驗談。

無論多麼積極的理財，第一考慮的應該是安全性，其次才是追求收益。即使投資經驗再豐富，也沒有一〇〇％成功的投資方法。希望你能多加學習，透過前輩們的建議，逐步領悟出自己的投資技巧。

**富爸爸的理財祕訣**

調整房地產和股票的投資組合配置很重要，積極出擊的投資與投機的投資，是完全不同的道路。

# 25 培養計算投資報酬率的財商

股票

股票投資雖然是間接的，但意義上與經營企業相同。

在韓國，產業領域存在許多有關財閥和家業繼承的問題。即便如此，關注這些財閥的聰明國民股東正在增加。再加上還有一個巨大的年金基金勢力——國民年金作為許多企業的第一大股東。事實上，國民年金管理公團*就像一家私人企業，其收入源自於國民年金的加保

*國民年金管理公團（National Pension Service，簡寫為 NPS）是韓國的投資公司，是以投資人的國民養老金作為本金，在國際金融市場上運作。其資產規模為七千二百九十八億美元，是韓國最大、世界第五的投資公司。

者，因此不能視為是國家所有，然而許多人卻認為它是公營企業。

讓我們來探討一下財閥的問題。並不是說要立即解散財閥，而是最好能建立一個讓財閥透過經營能力驗證系統後才能參與經營的制度。古典經濟學家亞當．史密斯（Adam Smith）稱經濟為「看不見的手」，我們藉由國民們、年金等「看不見的手」，逐漸能夠制衡財閥的橫行。

如果要投資股票，就必須了解投資原理、企業結構、財閥以及像年金這類大型資金的本質，這些構成資本主義的框架。當然，也要具備看財務報表的能力。

讓我們來看看像KOSPI 200這樣的優質股票。

KOSPI 200是指在韓國證券交易所（KRX）上市的市值排名前二百名的企業，KOSPI 200指數的市值變動反映了韓國股市的整體市場動向。股票不是一種安全的資產，它們暴露在市場風險中，且始終存在波動性，投資者任何時候都要考慮所持股票的損失可能性。

投資KOSPI 200並獲得成功的例子有很多，因為KOSPI 200大多是幾乎沒有破產風險的優良股票。那麼讓我們來了解一下為何投資這些股票具有優勢呢？

首先，這些是適合長期投資的標的。

因為它們是優質的公司，得到市場的認可，也可以看作是這些公司具有透過內部機制來避免波動和風險的能力。

其次，幾乎不須要進行企業分析。

由於已有大量資訊曝光，投資者即使不花費大量精力，也可以安心投資這些公司。

第三，時機風險較低。

小型企業可能會在一夜之間破產或面臨風險，但KOSPI 200由於已有大量資訊公開，因此不太可能陷入這種風險。

對一般投資者來說，股票投資時最危險的是做空制度。做空指的是借來尚未擁有的特定股票進行交易，這對一般人來說是難以想像的交易方式。當然，除了做空之外，期貨交易和指數基金交易具有風險，一般投資者往往不知道做空勢力的存在而陷入困境。

做空制度最大的問題在於提供特別優惠給外國人和投資機構，這就像給散戶一把武器，但給外國人和機構投資者十把武器一樣。當他們擁有比散戶高出十倍的信用額度，並允許他們進行盲目投資時，散戶很難擊敗他們，因此韓國政府須要對此加以警覺並改善制度。

接下來讓我們來一一了解做空的問題點。

首先，價格是可以操控的。

當空軍勢力聯合起來時，可能會扭曲市場的動向，並造成不穩定的局面。

其次，當做空勢力增加時，該股票的賣壓會增加，這會持續拉低股價，被稱為「螞蟻」的散戶則會因心理上的不安而猶豫是否拋售股票。

第三，涉及道德倫理問題。

因為這是一種不擁有股票卻進行交易的行為，在某種程度上與詐欺相似。此外這也會扭曲企業的價值，讓投資者感到混亂。

儘管存在這些問題，做空制度仍有助於活躍股票投資及幫助企業籌措運營資金，但爸爸無論怎麼想都覺得做空制度的缺點多於優點。這是一個須要政府關注的領域，不能讓外國投資者和機構投資者獨占甜頭。

## 思考各種可能以提高財商

以股票與銀行存款為例進行比較可能會更好理解。

假設投資者A在四十年內持續購買三星電子股票，像存錢一樣四十年間每個月都投入一百萬韓元。

**總投資額：100萬韓元×12個月×40年＝4億8千萬韓元**

這裡使用每月固定買入的公式簡單計算，再套用過去三星電子股票漲幅四百倍的平均值（1/2）二百倍，這樣計算下來最終將達到九百六十億韓元。（未來四十年內是否會達到這種投資收益率無法保證，這只是以過去數據為例進行試算的單純計算法。）

反之，假設投資者B將這筆錢存入銀行的複利定期存款中。

假設100萬韓元×12個月×40年×年利率5%，約為14億8千9百萬韓元。

儘管本金是四億八千萬韓元，但由於每月增加的利息也能獲得五%的收益，因此最終收益將顯著增長，這就是複利計算的力量。

根據自己選擇的投資方式，未來的財富可能會大不相同。該選擇哪種投資方式以減少未來的遺憾呢？我們要懂得考慮當前的情況並計算投資收益率。

在二〇二三年十一月二十五日的《經濟學人》雜誌中，有一篇文章報導金融監督院將對銷售最多香港ELS（指數掛鉤證券）的國民銀行進行調查。

據悉，以香港H指數為基礎的ELS銷售額達到二十兆五千億韓元，其中超過八兆韓元的產品由國民銀行銷售，但香港H指數相較於二〇二一年初的水準已跌至減半。ELS是一種衍生性產品，收益結構與基礎資產指數及個別股票價格連動。即使是大型金融機構，也不應輕易盲目相信，對產品缺乏了解的人在決定投資前應慎重考慮。

股票和房地產投資是積極的投資方式，可能會讓人心生恐懼。

另一方面，單純依靠銀行利息進行儲蓄則是被動的投資方式。應了解利息的概念，特別是複利原理，並據此做出選擇。

透過計算投資收益率，提升自己的財商，才能做出最適合自己的投資決策。

**富爸爸的理財祕訣**

KOSPI 200標的相對安全。培養計算投資收益率的財商。

# 26

# 小額房地產投資的機會也不少

小額投資

爸爸在法拍、商場投資和住商混合宅等房地產投資方面有豐富的經驗，其中特別是對人們都覺得困難的都更、重建這類投資項目也有很多心得訣竅。

我希望兒子準備好第一桶金後也可以開始進行房地產投資，如果有需要，爸爸都會積極提供建議。首先，我們來了解一下用一千萬到五千萬韓元的小額資金可以進行的投資方式。

## 法拍投資

法拍要一個人獨自進行會比較困難，但如果和其他人一起合作就容易多了。法拍通常十標九敗，每次失敗後的感覺都會很失落，此時就會需要有能互相鼓勵的同伴。參加多次法拍後，你會發現自己需要擁有無窮的毅力和一群可靠的同伴。

無論是公開拍賣還是法拍，只要年滿十九歲的個人或法人都可以參加，而且全韓國各地可以用小額資金參與投資的項目堆積如山。法拍須要親自到法院逐一參與投標，但公開拍賣則可以透過網路**APP**輕鬆進行。

要在法拍中進行權利分析，你須要知道如何查看登記謄本，若是土地，還須查看土地利用計畫確認書或地籍圖。你必須了解何謂塗銷基準權利，並了解承租人的權利，也要熟悉《住宅租賃保護法》。

剛開始學習這些可能會感到複雜和困難，但可以透過法院法拍資訊，或類似Naver拍賣等免費網站了解一些基本內容，也有許多付費網站如GG Auction、Good Auction、Speed Auction等，先確認權利分析的內容後再選擇物件就可以了。

對初學者來說，應避免涉及法律地上權、留置權、股票法拍等與第三者有關的複雜項目。如果覺得難以透過書本學習，可以考慮去補習班上課，或看YouTube上的教學影片，多觀看案例以學習如何避開風險。

從某種意義上來說，法拍要得標非常簡單，只要出價高於其他人即可，但如果得標價格與市場價持平，就沒有必要非得參加法拍。法拍的魅力在於能夠透過分析和多次實地調查，以低於市價的價格購入物件。

此外，還有一個優點是透過法拍取得的物件更容易申請貸款，尤其是在首購屋或購買商用房地產時，銀行通常能放款到估價的七〇%或得標價的七〇%，若是購買第二間房，銀行放款成數會降至估價的六〇%、得標價的八〇%。

爸爸也曾透過公開拍賣取得幾處房地產，包括首爾鍾路區付岩洞的土地、京畿道加平的林地，以及江原道原州的自然綠地，這些是透過韓國資產管理公司「Smart Onbid」的APP進行投標的。此外我也曾親自參與過法拍，二十年前，我曾投標過首爾西大門區鷹岩洞和江西區禾谷洞半地下公寓的法拍，但因為太想以低價得標，結果錯失了良機。挑選物件的過程充滿樂趣，但每次投標失敗後回程路上都會沮喪得垂頭喪氣。由於這並非我的本職工作，且生活也忙碌，最終我對法拍的熱情就逐漸消退了。

二〇一五年我曾參與江原道原州市一個倉庫的法拍，但也未能成功得標。當時我經營著一家貿易公司，需要一個倉庫來存放從加拿大進口的果醬和中國製造的餐具。

二〇一八年，我參與了南楊州市梧南邑一處八十四平方公尺的一樓公寓法拍，但以二百萬韓元之差沒能得標。如果當時能以不到二億韓元的價格成功購買，並重新粉刷後以全租方式出租的話，我只須支付一千萬韓元的差額就可以辦理所有權轉移登記。而現在該物件的市值約為三億五千萬韓元。

二〇二二年，我又參加了三次法拍。與法拍學院的成員們一起參加濟州島的兩處住商混合宅法拍，與公司同事一起參加位在釜山西面的三處住商混合宅法拍，以及平澤的一處住宿設施（用來作為住商混合宅）的三次法拍，但都未能得標。總共參加超過十次的法拍，卻一次也沒有成功得標過。最終，我只透過公開拍賣獲得三塊土地。如果想要更有熱誠地做這件事，似乎需要更多的學習和毅力。

## 住商混合宅投資

除了公開拍賣和法拍之外，另一個適合小額資金的方式是投資住商混合宅。由於住商混合宅屬於商業房地產，因此在套用銀行房貸成數（LTV，Loan to Value）時具有優勢，這意味著更容易利用貸款（槓桿）進行投資。

在投資住商混合宅時須要注意以下幾點：

第一，要區分是居住用途還是商業用途。商業用途不能辦理入住登記，必須申請營業登記。住宅用途則會計入持有住宅的數量，在房屋認購資格或多住宅者稅收等方面會有較不利的影響。還須仔細確認是否可以轉售，並細究如果出租的話實際利益會有多少。

第二，不要購買過於老舊的住商混合宅。住商混合宅的壽命通常為二十年。最好在十至十五年內賣出，十五年以上的物件不宜購入。

第三，套房（One-room）已經太多了。應投資於比套房更稀有的一．五房以上的物件（兩房、三房），這樣更有可能獲利，爸爸通常會搜尋三十平方公尺以上的物件。

第四，最好購買位於住宅開發區或大型社區內的物件。鄰近地鐵站的住商混合宅也是不錯的選擇。

第五，內部結構類似於公寓平面設計的物件為佳。選擇陽光充足且採光良好的2 Bay結構*的物件。

住商混合宅比較適合小額投資。

在投資前，要明確決定好自己是想要利用槓桿，持有物件後再出售以獲取價差的「資本利得型」，還是想要能按時收取每月租金的「租賃收益型」物件。或者從小額資金投資住商混合宅開始，積累大筆資金後再轉投資公寓也是個好辦法。

根據韓國金融經營研究所每年發布的二〇二三年《韓國富豪報告》，每十名富人中約只有二～三人認為自己是富豪。認為富豪的資產標準為一百億韓元的人比例占四六%，而認為標準應為三百億韓元以上的比例約為一〇%。這說明每個人對於富豪的標準皆不同。

此外，韓國富豪擁有的資產中有一半以上是房地產，這一比例遠高於海外富豪的房地產比重一五%，我認為這也反映出韓國人想擁有房產是一項本能。

根據二〇二三年十月十六日《經濟學人》的一篇文章，澳洲阿德萊德大學和埃塞克斯大學的研究結果顯示「無房者會加速衰老」。文章指出，居住不安定會比吸菸或肥胖更早引發生物學上的老化，且頻繁搬家也會加速衰老。研究表明，若搬家是非自願的，每年會提前變老三．三天。

即使不是因為這篇文章，儘早購房也是積累財富的基礎。

根據爸爸至今為止的經驗和學習，「最終，房地產的價格會再次上漲」。至少，已經上漲的物價水準也反映出房地產價格仍有上漲空間，因此我們須要為明天做好準備。

**富爸爸的理財祕訣**

**有許多適合小額資金的房地產投資方式，要多關注經濟、利率以及物價的變化。**

＊ Bay 是指以能夠受到陽光照射的前陽台為基準，柱子與柱子之間的空間，即指靠近前陽台的房間和客廳數量。
例如，如果有一個34坪的公寓，包含 3 個房間和 1 個客廳：
當客廳和 1 個房間（共 2 個空間）位於陽光照射方向時，稱為 2Bay；
當客廳和 2 個房間（共 3 個空間）位於陽光照射方向時，稱為 3Bay；
當客廳和 3 個房間（共 4 個空間）位於陽光照射方向時，稱為 4Bay。

# 27 持續鑽研房地產，找尋好物件

## 都更、重建

爸爸從二〇一七年開始投入都更和重建物件的投資。

當時我有非常迫切的原因。我在經商的過程中遭遇一場嚴重的詐騙事件，由於誤招了幾十名員工，導致初期支付的支援金全數損失。這筆錢高達數十億韓元，因此一度陷入憂鬱並心生恐懼，擔憂周遭的騙子們會成群圍堵我，奪走我積攢多年的財富。

這時你媽媽展現了堅強的一面，她決心要保護好並增加財產，每個週末都去聽房地產課程。最終，她成功地進行一系列積極的投資，並獲得可觀的收益。

這使得爸爸我重拾信心，並透過公開拍賣成功得標位於首爾鍾路區付岩洞的土地，使房地產資產迅速增加。而我投資的三處都市更新公寓也是莫大的幸運。

## 都市更新與重建投資

讓我們來詳細了解都市更新與重建投資。

公寓新成屋一直是房地產市場的熱門話題，公寓新建案的需求幾乎不會衰退。但即使在房地產市場低迷時，都市更新和重建項目依然存活了下來。

在進行都市更新和重建投資時，有幾點必須考慮：

第一，必須掌握到入住為止需要多少時間。都市更新案通常需要十到十五年，而重建最快也需要五年，一般需時十年。在拆除和建築過程中，投資資金將被鎖住，並且需要有耐心來承受合作成員與合作方之間的不斷爭執。

第二，要分析該地區是否具有收益性。儘管像蠶室住公、開浦住公、盤浦住公、高德住公、可樂市營（가락시영）這些成功完

成重建的地區給予了投資者信心，但也有像遁村住公一樣在建築過程中因多種變數而飽受困難的社區。因此必須考慮到可能無法獲得住戶同意，或因為物件缺乏經濟效益而被取消開發的風險。

在都市更新和重建投資中，有些值得參考的建議：

首先，應選擇容積率較低的地區。以第一期新市鎮的一山和盆塘為例，因容積率低於二〇〇％，所以有較好的投資條件，而坪村、山本、中洞等地區的容積率則超過二〇〇％。在投資都更物件時要多注意比例。

第二，應選擇一般銷售的戶數多，且能以較高價格銷售的地區，這樣合作成員的售價才會降低。

第三，選擇可以上調容積率的地區。

根據不同容積率所需的土地持分如下：五十九平方公尺的土地，容積率二五〇％時需要九・七五坪，容積率三〇〇％時則需要七・二五坪；八十四平方公尺的土地，容積率二五

○%時需要一三·二五坪，容積率三○○%時則需要一○·七五坪。

土地持分愈高，開發收益愈大，物件的經濟效益也愈好。

第四，應在價格低點時購入。

建議選擇已取得事業實施許可或剛獲得管理處分許可的地區。在通過安全評估、取得住戶同意並宣布推進建案，甚至在合作成立許可、建築許可、管理處分許可等每一階段，價格都會逐步上升。

第五，關注因重建或都市更新而重新更新的地區。

例如像開浦洞和盤浦一帶、高德洞周邊、清涼里站附近、阿峴洞以及長位、徽慶洞等新市鎮地區，都是值得復盤留意的投資機會。最近出現了木洞住公正在計畫重建一說，若木洞一帶進行重建，勢必將成為新的地標。即使在房地產市場處於下跌的狀態時，重建或都市更新物件依然是良機中的良機。

投資並沒有固定的路徑，只要你保持關注並持續學習，某一刻智慧自然會浮現，你也能開始看到高收益的投資機會。這就是為什麼我們要持之以恆地學習投資。

許多人認為都市更新和重建投資很困難，雖然有些術語看似困難，但實際上了解後會發現並非如此。然而，一定要考慮到投入的資金將被鎖住一段時間這點。由於在案子推動期間會出現很多變數，造成延遲，因此必須要做好覺悟，確定有耐心等待再跳進去做。都市更新和重建投資是獲得新公寓的過程，相比購買已建成的公寓，這種方式可以以更低的價格購買並獲得更高的收益。

最近由於房地產市場不景氣，都市更新和重建的溢價下跌了超過二〇%。擁有一萬二千戶、韓國國內最大的住宅社區物件——遁村住公由於建築成本上漲，導致施工方與合作方之間發生爭執。在施工進度達到五二%時建築工程被迫暫停，經歷陣痛後才重啟施工。

結果，每位合作成員不得不額外支付一億至二億韓元的分擔費用，而最後才支付溢價加入的合作方成員可能會蒙受損失。為了避免這種情況，我們須要儘可能地考慮所有變數，並培養出慎重的投資眼光。

根據韓國國土交通部公布的二〇二三年標準單價，二〇二三年的鋼筋價格與二〇二一年相比上漲二二%，水泥價格上漲三二%，人工成本上漲二〇%。

由於房地產市場不景氣，溢價也隨之下跌，熱絡的房地產預售市場已經冷卻，而預計要供應進市場的公寓卻有很多。隨著建築成本上升，建設公司的利潤降低，新建公寓的銷售價格上漲。有新聞稱，由於PF（Project Financing，專案融資）資金貸款受阻，一些建設公司可能會面臨倒閉的風險。由於利率飆升，利用貸款進行投資的投資者，尤其是無所不用其極大開槓桿的族群更面臨著巨大壓力，無法堅持住的投資者就會急著拋售物件。目前房地產市場的未來仍然籠罩在迷霧中。

在這樣的時期，更加須要學習房地產知識，才能在機會來臨時把握住它。

**富爸爸的理財祕訣**

都市更新和重建投資雖然耗時，但卻是一個以能低價買入的機會。

# 28 積極投資的花朵，槓桿

槓桿

利用他人資本來提升自己資本收益的行為稱為「槓桿」。透過運用槓桿來擴大和增長收益是一種主動積極的投資方法。我們要積極利用槓桿效應，以小力量發揮出大效果。

槓桿分為兩種：聰明的債務和愚蠢的債務。

為了獲得更大的收益而短暫借入的資金被稱為「聰明的債務」。可以在衡量機會成本後借入資金。

反之，如果是因為帳戶已透支並留存負債，或生活週期陷入赤字窘境，那麼這就是「愚蠢的債務」。這種債務通常是由於過度消費或衝動購物，為了購買奢侈品而「總之先借來用再說」的錢。

爸爸從小就被教導儲蓄是好的，而債務是不好的，長輩們常說債務就應該儘快償還。高一時，你們的爺爺因為生意失敗而破產，最終抑鬱去世，家族不得不掏出所有財產來償還債務，兄弟們分攤著償還了爺爺留下的債務，這使得我從此對債務產生厭惡。

由於這段經歷，我在經營企業時長達十五年間都堅持零負債經營，因為我害怕像我父親一樣因債務而失敗。然而，槓桿是一種利用他人的資金和時間來積累財富的明智方法。使用銀行貸款是常見的投資方式，而且是合法的。人們也藉此不斷挑戰，尋求更多的財富。

有些人對富人心生嫉妒，負面地認為他們是靠從父母那裡繼承財產，或使用不正當手段聚財。

但也有人是利用槓桿快速致富的。儘管借用別人的錢（如銀行貸款）並承擔了風險，但如果收益大於須支付的利息，那麼結果就是財富將不斷累積。

此外，還有些人借用他人的勞動力來獲得更大的收益。如果能利用他人的時間來節省自己的時間，他們很樂意支付相應的費用，若能利用他人的知識來獲得成功，他們也會這麼做。

也就是說，有些人在嫉妒富人時，有些人卻在積極利用槓桿致富。

## 利用槓桿增加財富的方法

美國矽谷有許多新創公司。其中許多工程師透過群眾募資來實現大發財夢。許多創新技術公司得到募資後成功問世，成為「獨角獸」企業。募資也是商業槓桿的一種形式，一旦公司上市，管理階層和IT開發者們就能成為數千億韓元的富人。韓國也有許多有利於新創公司的政策性資金計畫，如果有機會，應該多加利用，充分發揮槓桿的優勢。

許多人在購買房地產時會利用銀行貸款。在此情況下，我們須要了解銀行放貸的心態。銀行知道人們實際承擔貸款的能力往往比想像中更強。銀行已經掌握客戶大部分的金融交易資訊（如信用評分、還款能力以及在其他銀行的債務情況）。

但由於政府的規制，貸款的限額是被設定好的。政府藉由規制貸款來防止房價的暴漲和暴跌，這是政策手段之一。但實際上，韓國的家庭貸款問題並沒有想象中那麼嚴重。以下我們來看看理由吧：

首先，抵押比率不高。政府規定並控制LTV和DSR比率。房地產屬於不可移動的資產，對銀行而言，這是最可靠的抵押物。

其次，拖欠率為全球最低。二〇〇八年金融危機期間，美國抵押貸款的拖欠率達到一三%，到二〇二〇年，美國的拖欠率已下降到二．七五%。而韓國的家庭貸款拖欠率截至二〇二三年六月僅為〇．三三%，不到美國的八分之一。

在新冠疫情後歷經通貨膨脹，利息負擔加重了。由美國引發的通膨對韓國也產生巨大影響。這期間，韓國銀行的基準利率上升二%，從二〇二三年十二月的一．五%上升到三．五%。如果認為基準利率上升二%，貸款利率也是上升二%，那就大錯特錯了。銀行提高三%到四%的利率，信用合作社和社區金融機構等第二金融圈機構則上調四%到五%，而為低信用者提供服務的資本和儲蓄銀行則提高了五%到一〇%。

金融機構趁此機會使營業利潤翻倍。銀行以拖欠貸款者可能增加為由，將所有責任轉嫁給貸款客戶。再加上性質接近私人信貸如樂金快金（Rush&Cash）乾脆不給貸款，急需資金的貧困階層不得不轉向尋求非法的高利貸業者。結果，貧富之間的差距進一步加劇。

在談論成功的書籍中，經常會看到「懷抱夢想」、「真心渴望」、「描繪成功形象」這樣的內容，但夢想僅僅停留在心裡是不會實現的。實現夢想的過程是一段美妙的旅程，如果你設定了一個在十年內賺到十億韓元的目標，那麼你應該從存下一千萬韓元的第一桶金開始，從一開始就表現得像手握十億韓元一樣是不行的。達到十億韓元的過程可能會艱辛且枯燥，但在這個過程中，你會感受到流汗的快樂。

如果成功地積累到第一桶金，那麼就可以按一年、三年、五年的方式來設定階段性目標。這些目標要是可實現的，並且應該設定得稍高一點。即使未能達到短期目標，設定下次目標時仍應該把目標定得稍微高一些，這樣才會更加努力。

爸爸習慣以一週為單位制定目標。最近，我會邊寫作、邊計畫這週要寫多少稿子。即使沒有達到目標，我也會努力為沒有繁忙行程的下一週設定一個更上進的目標。

**富爸爸的理財祕訣**

**利用銀行貸款來增長財富是一種主動且機智的方法。**

# 29 時機成熟時一定要嘗試創業

上班族如果有兼職，除了薪資收入之外，還可以賺取事業所得，而這也可能成為將來創業的跳板。

年輕人通常擅長使用電腦，例如影像編輯、網頁設計等，因此很容易創建個人媒體，如YouTube或社群平台。如果決心透過YouTube或社群媒體賺取事業收入，我建議總之就先試著開始吧。一旦事業所得逐漸增加，就等於建立起資金的通道。

爸爸曾經計畫過撰寫一百本左右的電子書來賺取收入。電子書通常會深入探討特定素材和主題，所以我認為只要主題設計得當，每兩週就可以寫好一本。

如果每本書每月售出十本，且每本書的版稅收入為五千韓元，那麼就可以穩定收到五千韓元×銷售本數十本×出版種類數一百種＝五百萬韓元的月收入。但專注於大量生產電子書而不是撰寫自己真正想創作的小說，我難以判斷這是否是個正確的決定，最終我放棄了這個計畫。

為了透過內容創建系統並獲得利潤，須要具備以下思維的靈活性：

**第一，勇於嘗試沒有人做過的事情。**

首次嘗試往往更容易大獲成功，網路商務對先行者有利，並且需要果斷性和執行力。

**第二，考慮進行網路銷售。**

這須要對名人世界、網路購物系統、物流體系、庫存和退貨管理進行周密的分析，要防範整個交易過程中可能發生的風險。由於網路銷售市場競爭激烈，如果僅僅模仿他人，就很有可能會失敗。因此，我們必須透過自己的獨創性來累積經驗與訣竅。

**第三，建構與人們的心理和情感相關的業務。**

現在是物質過剩的時代，人們已經習慣於藉由擁有好物品來感到幸福，但這種幸福感往往不持久。在這樣的時代，如果能夠從事撫慰人們疲憊的心靈並觸動感性的業務，將會大受歡迎。比如為疲憊的人朗讀充滿智慧的書籍，提供簡單的AI諮詢，或播放療癒的音樂。選擇人們感興趣的主題，如金錢、戀愛、成功、克服自卑感、說故事、產生改變等，以此為基礎展開業務。

如果想經營YouTube頻道就須要購買一些設備，包括相機（手機也可以）、腳架、錄音設備、麥克風和燈具等，此外還需要一個安靜的空間來錄製影片。

透過部落格或IG來賺取收入也是一種選擇。但在訂閱者增加之前，可能會因為無法堅持而中途放棄，不過如果下定決心要做的話，最好持續至少一到兩年。同時也要注意掌握短影音的趨勢，如Reels和Shorts等。

如果暫時沒有啟動業務的資金，選擇自己喜歡的內容來經營一人生意也是有意義的經驗。在這種情況下，就要找到客戶群來購買或訂閱自己創建的內容，而且要量化銷售趨勢和各內容的收入，此外還要準備推廣方案來吸引新的客戶。

有些宣稱零資金即可賺大錢的誇大廣告大多是騙局，或者使用了不正當的方法。如果一門生意真的輕輕鬆鬆就能賺大錢，那他們也沒必要打廣告了。因此我們必須謹慎行事。如果看到聲稱一年能賺十億韓元的聳動性廣告，那這門生意很可能屬於犯罪集團。只要還有人上當受騙，騙子就會繼續存在。

還有，兒子啊！我不信任虛擬貨幣。因為目前的加密貨幣還無法真正發揮貨幣的功能，我也不信任基於區塊鏈技術的NFT。

特別是，不要參與多層次傳銷的社群，這是一種將批發和零售中間的銷售利潤分給各層級人們的方式，若被金錢欲望蒙蔽，你有可能會毀掉你的人際關係。如果有人引誘你參加課程並聲稱可以賺大錢，千萬不要去參加。聽了課程後，你可能會覺得一切看似很簡單，認為自己也能做到，但你要記住，那些蒙受損失的人們失去的錢，都進到了金字塔頂端組織的某人口袋中。

## 平凡職場生活的力量

作為初入社會的新鮮人，最重要的是至少在職場工作十年。至少要學習十年社會經驗，並了解經濟運作的方式。

你目前在公司的行銷部門工作，每年還要前往波蘭的工廠和德國的客戶公司出差數次，這是一個能比其他人更廣泛了解世界的學習機會。

如果十年後你想創業，爸爸會積極支持你，當然也會傳授給你我累積二十二年來的生意經，而在此之前，還有兩次贈與的機會。根據韓國現行法律，結婚時可以免稅贈與一億韓元，每十年可以免稅贈與五千萬韓元，因此最好根據免稅額進行贈與以省下贈與稅。

如果打算辭職創業，就不能忽視經濟方面的學習，人脈管理、傾聽的態度、言行一致等都是經營者必須具備的美德。如果想創業，你要眼觀自己想走的方向、傾聽資訊、保持關注，隨時虎視眈眈地準備抓住機會。

當你看著問題時，障礙會浮現在眼前，而當你專注於機會時，機會就會出現。對於已經在該領域取得成功的人要心懷敬佩並為他們祝福，這樣成功者的能量將會回饋到你身上，這就是宇宙的法則與原理。

**富爸爸的理財祕訣**

如果是一人生意的話，現在就去做；
如果是大的事業，至少要在公司工作十年後再挑戰。

第4課

富爸爸的祕密課程

# 正正當當的節稅、贈與的技術

成為富人後，贈與成為一個需要注意的要點。

即使你不是大富翁、不是贈與者而是接受贈與的人，未來某個時刻也可能會需要這些知識，如果能提前了解，這會是一個很好的理財方法。

贈與是一項合法的制度。如果你打算將財產傳給孩子，我建議在生前就進行贈與，而不是等到去世後才繼承。

首先，我們須要明確區分贈與制度中的幾個術語。贈與是指將有形或無形的財產或利益轉移給他人，從而增加他人的財產價值。贈與的財產必須能夠換算成金錢，贈與的一方是為贈與人，而接受的一方稱為受贈人。

贈與稅的免稅額因人而異。贈與配偶的免稅額為六億韓元，贈與直系血親尊親屬和直系血親卑親屬則為五千萬韓元。對於未成年人免稅額為二千萬韓元，對於六等親內的血親或四等親內的姻親，免稅額則為一千萬韓元。

此外，了解直系的範圍也很重要。直系是指透過親子關係直接連接的垂直血統，也就是說，包括父母、祖父母、曾祖父母、子女和孫子女在內的親屬關係，其他關係則屬於旁系血統。

以「我」為基準，在父系家族方面，包括爸爸、祖父母、曾祖父母、高祖父母、養父和繼父在內的關係可以進行贈與。在母系家族方面，包括母親、外祖父母、曾外祖父母、高祖外祖父母以及養母和繼母在內的關係也屬於贈與者範圍。

對於來自父母（直系尊屬）的贈與，五千萬韓元的免稅額已經二十年未作修改。考慮到物價上漲，有其修改的必要性。二〇二三年的稅法修訂案中新增贈與免稅額的新規定。婚姻登記日之前的兩年到之後的兩年內新增了一億韓元的免稅額，這被稱為「婚姻贈與資產免稅額」，如果將現有的五千萬韓元免稅額合併，最高免稅額將擴大至一．五億韓元。如果新婚夫婦兩人各自接受贈與，則每人可享受一．五億韓元，共計三億韓元的免稅額。

如果父母打算贈與財產，應該在適當的時候進行才能節省贈與稅。首先，當滿十五歲時贈與未成年人免稅額二千萬韓元。像猶太人那樣讓孩子從十五歲開始學習理財，到他們二十五歲時，再次贈與成人免稅額五千萬韓元。因為每十年只能在規定的額度內進行免稅贈與一次，所以可以按照這個時間點，在十五歲、二十五歲、三十五歲進行贈與。當然，如果結婚的話，還可以利用「婚姻贈與資產免稅額」進行額外的免稅贈與。

## 如何視情況節省贈與稅

事實上爸爸我也犯了錯誤，沒能按照兒女的年齡，在十五歲、二十五歲時贈與給他們，我直到去年才各自贈與給他們五千萬韓元。本來女兒的租屋處是每月繳房租，後來她搬到公司附近的新住處，以全租的方式住進住商混合宅。全租的保證金為二億七千萬韓元，其中的一億韓元來自公司員工貸款（利率為一%），七千萬韓元是首爾市提供的支援貸款（利率在二%內）。女兒用從小存下的零用錢和工作後存下的資金，再加上爸爸贈與的五千萬韓元才順利完成搬遷。

兒子的話，則是在去年一月公司股票上市後得到購買公司股票的機會。兒子被分配到六百四十股，每股三十萬韓元，共需一億九千萬韓元。其中一億韓元他使用了韓國證券金融擔保貸款，剩下的則跟女兒一樣，動用了從小存下來的零用錢，還有爸爸贈與的五千萬韓元。現在股價已經翻倍，兒子成為一名富有的年輕人。

有一種叫做「贈與附有負擔」的制度。這是指在轉移貸款或全租時連同擔保債務一起轉移的情況。在這種情況下，只須要按照贈與稅率，對贈與金額中扣除債務承擔額後的部分繳納稅金即可，贈與稅的稅率可以在網路上查到。

在這種情況下，稅務機關會仔細確認債務是否屬實。例如，會確認是否是為了規避稅金，變相將房子以全租的方式提供給兒子，並扣除相當於全租金額的部分後進行贈與附有負擔的贈與。

贈與附有負擔是否有利關鍵不在於房價，而在債務額。應仔細考量贈與稅和轉讓所得稅，以確定哪種方案更有利。透過贈與附有負擔接收的債務額資料會由國稅局進行事後管理，這是為了在金融債務或全租保證金變動或償還時確認要用什麼資金償還。如果用來源不明的資金償還且未能說明，未來可能會追繳贈與稅。

贈與時也要考慮贈與取得稅。因此如果是調整地區*、持有多套房產、繼承房產等較複雜的情況，最好先向稅務師或會計師諮詢。

接受贈與有時也會被稱為「靠爸族」，雖然周遭的人接受贈與可能會讓我們心生羨慕，但也必須接受，因為這是向國家支付贈與取得稅、贈與稅等正當的稅金後獲得資產轉移的方式。我們須要宏觀地思考，國家徵收來的稅金會適當地用於國家治理和低收入群體上。

＊是指韓國政府為了穩定房地產市場，對房價過高或上漲過快的地區進行特別管控的區域。通常，當某個地區的房價上漲過快或投機需求過度集中時，政府會將該地區指定為調整地區。在這些區域內，購房者會面臨更嚴格的貸款限制和更高的稅率，以抑制投機行為和房價過快上漲。

親愛的兒子，請記住這句話：

金錢不是唯一的答案，但它可以創造不同。

Money is not the only answer, but it makes a difference.

—— 巴拉克・歐巴馬（Barack Obama）

# 5
PART
# 理財所能獲得的事情

「孩子啊，變得富有然後
過你想要的生活吧！」

策略

# 30 想坐擁錢堆，你必須要有一雙鷹眼

賈伯斯和比爾．蓋茲都是技術和管理能力兼具的人，身為日本首富的韓裔日籍企業家孫正義也不例外。韓國的IT富豪們在具備技術能力後學會了商業能力，如果能在進行正道經營的同時具備包容力和領導力，那麼工程師也能成為優秀的經營者。

在未來，擁有文科、經濟學背景的人會比工程師更具優勢。儘管在AI驅動的第四次工業革命時代技術會有所發展，但在情感、連結和產生共鳴方面，機器是無法取代人類的，我認為這些到最後都仍會是人類專屬的領域。

在事實和邏輯這個命題面前，能夠戰鬥並戰勝的力量就是人類的共情能力。要成為一位

一兆韓元的企業家，須要擁有超凡的情感能力和能夠打動他人的感動內容。只有這樣，才能用與眾不同的方式形成關係連結並引領他人，進而成為資產家。

在美國創業的金承浩會長以餐飲連鎖事業取得了極大的成功，但是在韓國國內，仍然尚未出現獨角獸餐飲企業。不過，有一位值得注意我們的人物，他就是年輕的經營者——GOPIZZA的林在元代表，以下引用他在《每日經濟新聞》採訪中提到的商業構想：

首先，他表示目標是在十年內開設一萬家店。參考麥當勞八十年才擁有四萬家店的歷程，可以看出他的商業構想多麼宏大。

第二，他希望成為繼三星電子和現代汽車之後的知名韓國全球品牌。

第三，他希望成為韓國首個企業價值達到一兆韓元的獨角獸餐飲企業。

他開發出「機器人烤的一人份披薩」。這種披薩在量上縮減，能在三分鐘內烘烤完成，具有像漢堡一樣可以迅速食用的優勢。更令人驚訝的是，他使用了「GO爐2.0」（GOVEN）、「GO機器人」（GOBOT）和「AI配料桌」等數位技術，只需將披薩放在「GO爐2.0」的傳送帶上，機器人和AI會自動完成從烘烤到提供給顧客的整個流程。這裡使用了一款名為「GO機器人」的機械手臂，會在配料完畢後將披薩放上爐子烘烤，並送到客人面前，是一個所有流程全面自動化的系統。

林代表在新加坡完成大學學業後，又在韓國科學技術院獲得管理工程系碩士學位。他曾在大型披薩連鎖店做過廚房助手，也在社區披薩店做過兼職。二〇一六年，他以二千萬韓元的價格購買了一輛二手小貨車進行改裝，並透過創新的行銷點子成功將自己品牌化，還在育幼院舉辦百人份披薩免費分享活動。

他利用這些經驗成功入駐了競爭激烈的首爾市夜市，並且獲得「汝矣島漢江公園夜市的披薩美食名店」口碑。

GOPIZZA在五十五個國家擁有超過一百八十家門市，最近還在世界最大的機場新加坡樟宜機場開設了門市。大企業CJ也成為GOPIZZA的加盟店主，並在韓國和印尼的十間星聚匯電影院也開設門市。

林在元代表出生於一九八九年，是一位三十多歲的青年。崛起成為餐飲業強者的他，未來動向令人期待。

有些人因為獨特的創意或與眾不同的差異性而能坐上財富的寶座，雖然看起來似乎只是運氣好或遇到好時機才實現的，但事實並非如此。聽他們的成功故事，就能知道這是他們經歷並戰勝多次逆境後才獲得的結果。

在淘金熱時期許多人湧向美國西部的礦山，夢想著一夜暴富。他們雖然透過挖金輕鬆賺到了一些錢，但很多都因賭博而輸光了。就這樣，在這能挖金致富的地區誕生了賭博城市「拉斯維加斯」。

靠勞動力挖金的礦工中成為有錢人的人並不多。諷刺的是，賺錢的是賣鐵鍬的五金行商人和提供賭博資金的放貸業者，以及製作耐磨牛仔褲的李維斯兄弟（Levi's）。

靠勞動獲得的收入很難賺到大錢。我們該了解的是，背後的產業才是真正賺錢的關鍵。在產業興衰的背後，有些人透過差異化在利基市場賺取金錢，我們也應該努力像他們一樣擁有一雙鷹眼。

**富爸爸的理財祕訣**

與眾不同的思維是在利基市場中獲得成功的捷徑。

# 31 用金錢取得時間和幸福的機會有很多

幸福

每個人都想要幸福。

樂趣和愉快是帶來幸福的要素。擁有許多錢可以讓人有機會從事有趣的工作，並且有更多的機會獲得幸福，因為可以不受到其他事物的限制，獲得充裕的時間。享受美食或與親近的人享受時光也是幸福的來源。然而，問題在於每個人對於幸福的標準各不相同。

有些人會說吃一碗辣炒海鮮麵就能感到幸福。而有些人則即使享用了豪華的山珍海味，也會羨慕那些比自己更富有的人所享用的美食。

在爸爸的公司做銷售的Ａ一直以來都是收入和業績比較落後的人，但是突然間，他的業績和收入都有所提升。在一次有其他人參加的會議上，他被問到收入增加的感覺如何。他的回答有點出乎我的意料，所以儘管已經過了很長時間，我仍然印象深刻：

「即使不幸福也無所謂，我只希望能夠有很多錢。」

然而爸爸的想法不同，我認為幸福比錢更重要，還有健康也很重要。錢只是實現幸福的工具，而不應該成為最終的目標。

最終的目標是幸福，應該善用錢這個工具來達成自己所期望的幸福條件。

## 金錢與幸福的關係

年薪三千萬韓元的Ａ利用信用卡分期付款購買了一個二百萬韓元的手提包。在分期付款期間，Ａ必須節省並精打細算，因為他得將賺來的錢的一半存起來，另一半用來支付信用卡和生活費。即使如此，Ａ每天拎著手提包時都會感到幸福。

相比之下，年薪一億韓元的Ｂ輕鬆地用信用卡一次性支付了相同的手提包。雖然購買的當天他感到心情愉快，但從第二天開始，他就不再感到幸福，反而開始羨慕那些擁有更昂貴手提包的人。

幸福的標準因人而異。年薪愈高，人們對於汽車、房子、貴金屬等等想要擁有的東西就愈多，想要的價格範圍也會愈高。

人們相信只有擁有更多的錢才能幸福。雖然沒有正確的答案，但可以肯定的是，擁有更多的錢確實能增加幸福的機會。因此，當被問到為了要過得幸福，你最想要擁有什麼時，大多數人會回答「錢」。

不要輕易說出「沒有一件事是順我的意」的這種話，說這種話的人其實是在給自己招來不幸。如果在年老時回顧，發現這輩子都無法隨心所欲地照自己的想法過活而感到後悔和遺憾，那該是多麼不幸的人生啊。

回顧過去，藉口往往很多，比如說是因為沒錢、缺乏才能、家境不好、遇到錯的人等等。但其實，人生中的許多問題往往來自錯誤的選擇。人生是由每一個瞬間做出的選擇所堆積起來的，如果能夠好好選擇，享受每個瞬間，那就是幸福。就像「活在當下」（carpe diem）這句話一樣，我們應該珍惜當下，接受當前的時光。用積極的態度生活，感謝自己所做出的選擇，那就是幸福。沒有人是恆常愉快和幸福的。

正如法輪禪師所說：

「快樂和痛苦、幸福和不幸會反覆出現，這就是輪迴，也是人生。」

**富爸爸的理財祕訣**

金錢不是衡量幸福的標準。
但是錢多的話，幸福的機會就變多了！

人生課題

# 32 理財是人生的課題

擁有一兆韓元資產的韓國人名單根據不同資料略有不同，但大約有三十名左右。

如果不是繼承資產，而是自己創業成功的例子，有包括Kakao的金範洙、NXC的柳貞賢、賽特瑞恩的徐廷珍、Smilegate的權赫彬、Dunamu的宋治亨（音譯）、HYBE的房時爀、Naver的李海珍、網石（Netmarble）的房俊爀、恩希軟體（NCSoft）的金澤辰、富榮集團（BOOYOUNG GROUP）的李重根會長等人。有一半以上的人不是透過繼承或贈與，而是第一代的創業者。

那麼，這些達到一兆韓元的企業家，他們與其他人不同的能力是什麼呢？

**第一，大膽進行的能力。**

他們在找到新的點子後，會比任何人更早地應用到事業中，成為市場中的先驅。他們的果斷和靈活性成為取得與眾不同成果的基礎，結果，他們在那個領域中漂亮地成功，成為領導者。

**其次，創造力和問題解決能力。**

取得成功的企業家大部分都是擁有創造性思維的人，即使遇到問題，他們也能在當前的市場情況中找到解答。

**第三，人際關係和合作能力。**

他們善於與理解自己願景的人建立良好的關係，必要時，他們會透過合作或果斷的併購使企業競爭力倍增。二〇二三年《富比世》評選的全球首富LVMH集團的貝爾納·阿爾諾（Bernard Arnault）擁有五十幾個奢侈品品牌，他透過併購而非創業建立名牌帝國。

尤瓦爾·哈拉瑞（Yuval Noah Harari）在《人類大歷史》中提到：「人類往形成強大社會紐帶關係的方向進化」。也許正是因為知道如何合作和協作，人類才能登上生態系統的頂端。

**第四，自信和耐心。**

沒有哪位成功的企業家是一路順風、未曾經歷失敗和困難的，所有一兆韓元俱樂部的企業家在遇到難關時，都是因為自我激勵和擁有耐心才獲得今天的成功。

**第五，領導力。**

包容的領導力、同理的領導力、溝通的領導力是成功企業家的最基本素質。

此外，還要有把握機會的能力、資金管理能力，以及均衡管理自己生活的能力。只有具備這些資質，才能成為大資產家。最終，怎麼過人生決定了一個人財富的容器大小，學習經濟可以說就是學習人生。

成為一兆韓元資產的第一代企業家，他們成功祕訣其中之一是人脈管理。爸爸建議剛開始創業的人，公司中必須有一位值得信任的人，爸爸很幸運的是，現在我擁有幾位值得信賴並能把企業託付給他們的員工。數百名員工中的一位員工聽起來雖然似乎微不足道，但要找到一個能用像老板一樣的心態投入工作的員工，並不容易。

學習經濟不僅限於觀察經濟知識和指標的能力，與經濟知識同樣重要的東西有很多，還須要具備人脈管理、溝通技巧、語氣和態度等多方面的品德。在學習經濟的同時也得要學習人生，這樣才能實現財富和成功。

## 富人的計算方法有何不同？

讓我們來算一個有趣的數學問題吧。

假設一位剛成年二十歲的年輕人擁有十億元資產，那麼四十年後，當他六十歲時，十億韓元的貨幣價值會變成多少？（若假設貨幣價值保持不變）如果考慮物價每年上升五%，那麼現在的十億韓元在四十年後相當於約七十億韓元（反過來想的話，就等同於貨幣價值每年下降五%）。這同樣適用於房地產或其他物品的交換價值。

假設使用這七十億韓元進行投資，每年獲得一〇%的投資回報。（為了幫助理解這段說明，所以單純以平均值計算）

首先，如果我們以四十年期間的平均值（1/2）來計算，可以得出三十五億韓元。然後將三十五億韓元乘以一〇%，即三．五億韓元，再乘以四十年，會得到一百四十億韓元。也就是說，四十年間的總投資收益是一百四十億韓元。

如果再加上四十年後十億韓元的貨幣價值變動為相當於七十億韓元，總計將達到二百一十億韓元。（這個簡單的計算方法是以四十年後的貨幣價值為基準計算出的數值，因此不要誤以為這等同於現在的二百一十億韓元。因為貨幣價值每年都在貶值。）

當然，要連續四十年保持相同的收益率是不可能的。這只是單純的模擬，但也可以從中獲得智慧。

也就是說，如果能在子女二十歲時贈與他們一百億韓元，那麼四十年後在他們六十歲時，他們可能會成為數千億韓元的資產家。如果再加上子女自身的職業和事業收益，四十年後成為一兆韓元的資產家也不無可能。

二〇二三年八月三十日的《朝鮮日報》上刊登了一篇有趣的文章，標題為「美國IT富豪們投資一兆韓元建造半價新市鎮」，內容提到美國矽谷的IT富豪們集資在距離舊金山八十五公里的索拉諾縣（Solano County）農地上建設新市鎮。

矽谷的億萬富人們成立了一家名為弗蘭納里（Flannery Associates）的房地產開發公司，花費八億美元（約一兆韓元）購買這片土地。這片土地的面積大約是首爾的四分之一。如果將這片土地開發成高科技新市鎮，投資者和居民都將受益。這包括帶來高薪工作、改善居住環境、提升能源供應等帶來的連鎖效應。

多位資本家和金融科技富人參與了這一投資，賈伯斯的遺孀羅琳・鮑威爾・賈伯斯（Laurene Powell Jobs）也是投資者之一。羅琳・鮑威爾是愛默生基金會（Emerson Collective）的總裁，同時也是華特・迪士尼公司的最大股東。參與這項開發的富人們將來可能獲得巨額的房地產利潤，這將成為錢生錢的典範。

除此之外，還有許多由民間主導的小型新市鎮建設案例。例如特斯拉在奧斯汀建立的「特斯拉烏托邦」，谷歌在聖荷西建立的「谷歌West園區」，蘋果在庫比蒂諾的「蘋果園區」（Apple Park）。

富豪們的思考方式確實有與眾不同之處，跟隨他們的想法也是一種好的經濟學習方式。

**富爸爸的理財祕訣**

經濟學習終究是在學習人生。

# 33 放諸四海皆適用的祕密法則

## 黃金法則

強大的內容會迅速傳播開來。

精心設計的社群平台擁有不亞於房地產的資產價值，一個人的創意可以成為能養活數萬人的內容。然而就像一個錯誤的信念可能會引發戰爭一樣，一個社群帳號也可能因假消息而讓人們變成暴徒。數位技術如果使用得當可以是便利的工具，但若使用不當則可能變成毒藥。

因此人們在使用數位技術時，正確的態度和道德倫理非常重要。在AI時代，遵守黃金法則的人會使世界變得更美好，不論在線上還是線下，都須要有優先考慮他人的關懷心態。

歐普拉．溫芙蕾（Oprah Winfrey）在《關於人生，我確實知道》（*What I Know for Sure*）中說過：

**「如果你對所有的事物都心存感激，你的世界就會完全改變。如果把重點放在自己已經擁有的事物上，而不是沒有的事物上，你將能為自己創造更好的能量。」**

齋藤一人的第一本書《철들지 않은 인생이 즐겁다》（書名暫譯：不懂事的人生是快樂的）被翻譯推廣到韓國時，你們的媽媽就成了他的狂熱粉絲。她對齋藤提出的「吸引運氣的習慣」和「語言是金錢的能量」的觀點非常熱衷。

齋藤一人是日本減肥和漢方食品等保健食品企業「銀座丸漢」的創始人及經營者，該公司也以銷售化妝品聞名，此外他還經營有「日本漢方研究所」法人。

他從一九九三年到二〇〇五年間，連續十二年躋身日本個人高額納稅排行榜Top 10，其中一九九七年和二〇〇三年更是繳稅排行榜第一名。這些排名是根據個人事業所得稅，而非股票或房地產銷售稅，因此更顯得意義深遠。

我把他在書中提到的三個主要觀點總結如下：

**第一，改變語言，改變人生。**

這是自我提升書籍中常見的主題，但他也提到，為了要成為富人，語言習慣是最先該具備的品德。他主張，如果能肯定地說出「我是有錢人」、「我很幸福」、「這件事我最擅長」就可以改變大腦的迴路，使其轉向積極的方向。

另外他也提到不要為貧困的生活而嘆息，對每件事物都不斷抱怨的話，就很難取得好的結果。反覆說著「我很可憐」、「無論做什麼都沒有用」、「沒錢真是要死了」就會召喚來貧窮的生活。如果因為薪水微薄或因還完卡債、所剩無幾而抱怨，這只是在踢掉成為富人的機會。我們應該銘記他的主張，語言就是決定人生的最強工具。

**第二，行為習慣也很重要。**

他在《부자의 행동습관》（書名暫譯：富人的行為習慣）中提到：「把心中的想法付諸行動。如果不行動，就無法實現幸福和成功。」他表示思想裡隱藏著巨大的力量，所以只有去思考才能成為富人。他認為思想貧窮的人無法成為富人，而只有透過行動才能知道行為的正確與否。將能量加諸於想實現的想法上，並付諸行動，那麼成功就會找上門。

**第三，擁有正能量好運才會跟著來。**

沒有運氣很難成為有錢人。俗話說「七分運氣，三分技術」，雖然運氣發揮七〇%的作用這點可能不盡正確，但的確存在運氣特別好的人、擁有更多機會的人，而這些幸運和機會往往會出現在那些思考和行動的人身上。

如果從自己做起，遵守黃金法則，就會「物以類聚」地出現跟自己一樣遵守黃金法則的一群人，這樣的群體將成為有益的社群。而若成為這個群體的領導者，就會展開富有和成功的人生。改變習慣和生活週期是重要的，遵守黃金法則的心態更是特別重要。

拿破崙．希爾曾說：「這個世界對勝利者是溫暖的，但對失敗者卻是無情的。」

兒子啊，我深切希望你能成為富人，溫暖而滿足地過上你想要的生活。

**富爸爸的理財祕訣**

如果能從自身做起遵守黃金法則，就會吸引與和自己相同的人形成群體。要有「從我開始遵守黃金法則」的心態。

第5課

富爸爸的祕密課程

# 廣泛而深入地看世界（中國和印度）

進入二十一世紀後，巴西、俄羅斯、印度、中國和南非這五個新興大國被稱為「金磚國家」（BRICs）。在二〇二三年八月，新興經濟金磚五國了迎來六個新成員國加入，這些新成員國包括沙烏地阿拉伯、伊朗、阿拉伯聯合大公國、阿根廷、埃及和衣索比亞。目前中國和美國正在打一場激烈的貿易戰，美國試圖儘可能延緩中國的崛起，在這種情況下印度趁機茁壯。未來將進入人口主導國力的時代，印度擁有十四億人口，與中國相近但略微超越中國，躍身為世界人口第一大國，其IT、科學技術等尖端技術基礎設施也相當健全。

然而，因為有許多印度人仍相信來世，因此不願竭盡全力積累財富。據說很多印度人認為，如果這一輩子過得貧窮，下輩子就會成為富人，這也許是印度貧困人口較多的原因之一，還有觀點認為是種姓制度對經濟成長造成阻礙。

最近我讀了未來學家朴英淑（音譯）參與合著的《世界未來報告書2023》，讀得津津有味。作者主張人口是國家的重要未來資產，歐洲、美國、加拿大，以及韓國和日本等已開發國家都面臨低出生率這一共同問題。如果這些國家無法解決低出生率問題，那麼數百年後的未來世界將大部分由中國人、印度裔以及非洲黑人所占據。另一方面，中國和印度以人口為優勢快速成長中，然而這兩個國家有著明顯的差異。

## 第一，政治體制上的不同

中國是社會主義國家，採取共產黨單一政黨體制。相反地，印度是一個民主國家，標榜多黨制。諷刺的是，雖然印度的種姓制度與民主精神的平等主義相悖，但印度卻有著接受身分差異和包容他人的寬容文化。與中國的社會主義一元化不同，印度接受不同性質的多樣性，較為寬容，是一個可以實現接納、包容、共存的國家。

## 第二，文化和語言層面上的不同

中國採取單一標準語言，追求語言的統一，而印度則有二十二種語言共存。此外，印度有印度教、錫克教、伊斯蘭教、佛教等多種宗教，印度文化用一句話來概括形容就是「豐富多彩中的統一性（Unity in Diversity）」。

## 第三，經濟結構上的不同

中國透過製造業的內需和出口實現了經濟成長。相比之下，印度則仰賴於服務業、IT和科技為基礎來推動成長。全球著名經濟雜誌《經濟學人》曾寫過「印度政府可能較弱，但印度的民間企業則非常強大」的報導。印度以豐富的勞動力為基礎，在資訊技術、汽車產業、製藥領域取得顯著的成長。此外，印度也是世界上吸引最多外資的國家。

## 第四，對待國際關係的方式不同

中國與美國之間有著嚴重的矛盾糾葛。中國視美國為競爭對手，並因為中華思想而認為中國是世界的中心。而印度則採取與美國和歐洲國家和諧相處的外交政策。在美中對立的情況下，獲益最大的國家就是印度。中國和印度都是擁有核武器的強國，這一點也不容忽視。

## 第五，歷史遺產的不同

兩國都是世界四大文明的發源地，孕育出中國的黃河流域文明和印度的印度河流域文明。但是兩者的歷史差異頗大，中國藉由權力支配人民，而印度則是透過宗教力量包容人民。

未來如果有人要到國外留學，我會建議選擇中國、印度、新加坡或香港，而不是美國、歐洲或日本。

中國正努力透過「一帶一路」（One Belt One Road）來加強歐洲與亞洲之間的

連結，「一帶一路」是習近平主席提出的重建古代東西方交通路線的政策。印度則透過「數位印度計畫」（Digital India Project）來建立數位基礎設施，並在教育、金融和服務領域追求數位全球化。這兩個國家都在努力打造由自己主導的平台。

當然，這兩個國家也存在許多問題，例如中國揹負著全球最大碳排放國的惡名，須要改善以製造業為主的產業。此外，中國還面臨沙塵暴問題，須要防治沙化並植樹造林，避免對鄰國造成影響。印度則有著社會不平等的陳年痼疾，貧富差距、教育差距和階級歧視使印度的兩極化現象，比其他國家更為嚴重。儘管如此，中國和印度的人口合計仍占了全球人口的三五%，值得我們關注這個市場。

親愛的孩子們，請記住這句話：

如果缺乏明確的目標，我們會忠實地執行日常瑣事，最終被日常所奴役。

In the absence of clearly-defined goals, we become strangely loyal to performing daily trivia until ultimately we become enslaved by it.

—— 羅伯特・海萊因（Robert Heinlein）

結語

## 對一個人來說，最大的傷痛就是錢包空空如也！所以，親愛的孩子們，你們一定要成為有錢人！

爸爸小時候經歷過貧困，因此為了不讓貧困傳承給子女，我一路努力不懈地奮鬥過來，讓我的兒女們得以不虞匱乏地茁壯成長。

如今，爸爸已經從公司的前線退下，坐收股利。爸爸是一位房東，是一人企業的經營者，同時也是散文作家以及小說創作練習生。即使到了這個年齡，爸爸仍然挑戰新的事物。爸爸計畫在不久的將來蓋一棟有圖書咖啡廳、書店和出版社進駐的建築。在這個空間裡，爸爸也打算設置一間書房，這是我決心以寫作為生的最終願望，這裡將成為爸爸的遊樂場。

在這本書中，我總結了自己在人生中經歷的各種成功與失敗，以及從中得到的領悟，寫這本書是希望能夠讓親愛的兒子女兒能儘快學習到有關金錢的知識。

在資本主義社會中金錢是生活的必需品，但擁有多少金錢才能使人感到幸福呢？這個標準因人而異。爸爸希望兒子女兒能成為幸福的富人，不因金錢而受苦，過上自己想要的生活。

## 如果，爸爸能回到三十年前兒女剛出生時，且擁有一億韓元，我會如何進行理財呢？

首先，如果要進行房地產投資，就要關注即將都更的地區。一個值得注意的是「仁川富平區山谷洞」一帶的都更項目，山谷都市環境區、山谷2~7區、清川1、2區將入住二萬戶居民。這樣的規模相當於將山谷洞整個地區重建，屬於新市鎮級別的都更。最近房市景氣下滑，溢價大幅下降，若能正確判斷時機購買到急售的物件，就能期待獲得高收益。

另一個值得關注的是目標在「木洞」後面的「新月市營公寓」，他們計畫透過全租的方式購買並重建公寓。新月市營公寓將推動重建為社區內有學校的「學區第一排」，並且是擁有三千戶的大型社區。它被選為快整計畫（快速整合計畫）的快速通關社區，事業實施許可、管理處分許可等重建項目將會快速被推動。但一定要注意的是，儘管可以利用全租槓桿進行投資，仍須要投入約二億韓元的投資資金。在承擔利息的同時，可能會須要額外使用貸款槓桿或需要其他資金來源。

第二，如果要進行金融投資，可以將一半資金投入日圓存款。儘管目前日圓被低估，但作為主要貨幣國家，我認為這是一項安全的投資，而且日圓匯率有很高的可能性會再次上升。剩餘的一半資金則投入現金性資產如貴金屬ETF。此外，從薪資中繳納實支實付保險、住房認購儲蓄和終身年金保險後，再用剩餘的資金每月購買三星電子的股票，增加持有量。

終身年金保險是提供終身支付年金的產品。目前女性的平均壽命為八十四歲，男性為八十一歲左右，但隨著醫療技術的進步，壽命也正迅速增加。隨著百歲時代的到來，愈來愈多的保險公司停售終身年金保險，因為隨著壽命延長，保險公司須要支付的年金負擔就會增加。

然而，人生是沒有「如果」的，我們只能以過去的經驗為鑑，夢想更美好的未來。朴雄鉉的《人生的八個關鍵字》中提到的八個關鍵字是「自尊、本質、古典、見、現在、權威、溝通、人生」。雖然分成這八個詞來看，但最終它們都會融合串連在一起，朝著「人性化」的方向發展。

希望你們在閱讀這本書時，能夠認同這八個關鍵字與黃金法則是一脈相通的，而遵循黃金法則的人必定會成功。

「祝福那些擁有你想要之物的人們。」

「以你希望別人對待你的方式去對待他人。」

黃金法則出自聖經，但其他宗教經典中也有類似的說法，論語和佛經中也有這一法則。即便世界迅速變化，數位時代來臨，黃金法則的原則依然具有重要的價值。人是無法獨自生活的，我相信，如果你們遵循黃金法則，踏上富有之路，你們會過上幸福的人生。

親愛的孩子們啊！我愛你們，並帶著一顆守護者的心為你們加油。

**希望兒女成為幸福富人的**
爸爸 筆

Note

實用知識 97

# 致富傳承

## 創業家爸爸寫給子女的 33 個理財祕訣

부자아빠의 돈 공부 : 200 억 부자아빠가 아들에게만 알려주는 재테크의 비밀 33

作　　者：李容基（이용기）
譯　　者：高毓婷

責任編輯：王彥萍
協力編輯：唐維信
校　　對：王彥萍、唐維信
封面設計：萬勝安
排　　版：瑞比特設計
寶鼎行銷顧問：劉邦寧

發 行 人：洪祺祥
副總經理：洪偉傑
副總編輯：王彥萍
法律顧問：建大法律事務所
財務顧問：高威會計師事務所
出　　版：日月文化出版股份有限公司
製　　作：寶鼎出版
地　　址：台北市信義路三段 151 號 8 樓
電　　話：（02）2708-5509　傳真：（02）2708-6157
客服信箱：service@heliopolis.com.tw
網　　址：www.heliopolis.com.tw
郵撥帳號：19716071 日月文化出版股份有限公司

總 經 銷：聯合發行股份有限公司
電　　話：（02）2917-8022　傳真：（02）2915-7212
印　　刷：軒承彩色印刷製版股份有限公司
初　　版：2025 年 08 月
定　　價：380 元
ＩＳＢＮ：978-626-7641-88-0

부자아빠의 돈 공부 : 200 억 부자아빠가 아들에게만 알려주는 재테크의 비밀 33
Copyright © 2024 by Lee Yong Gi
All rights reserved.
Original Korean edition published in 2024 by Dongyangbooks Co., Ltd.
Chinese(complex) Translation rights arranged with Dongyangbooks Co., Ltd.
Chinese(complex) Translation Copyright © 2025 by Heliopolis Culture Group Co., Ltd.
through M.J. Agency, in Taipei.

**國家圖書館出版品預行編目資料**

致富傳承 : 創業家爸爸寫給子女的 33 個理財祕訣 / 李容基著 ; 高毓婷譯 . -- 初版 . -- 臺北市 : 日月文化出版股份有限公司 , 2025.08
224 頁 ; 14.7X21 公分 . -- ( 實用知識 ; 97)
譯自 : 부자아빠의 돈 공부 : 200 억 부자아빠가 아들에게만 알려주는 재테크의 비밀 33
ISBN 978-626-7641-88-0( 平裝 )

1.CST : 個人理財　2.CST : 投資

563　　114008407

◎版權所有，翻印必究
◎本書如有缺頁、破損、裝訂錯誤，請寄回本公司更換

日月文化集團
HELIOPOLIS
CULTURE GROUP
客服專線 02-2708-5509
客服傳真 02-2708-6157
客服信箱 service@heliopolis.com.tw

廣告回函
台灣北區郵政管理局登記證
北台字第 000370 號
免貼郵票

# 日月文化集團 讀者服務部 收

10658 台北市信義路三段151號8樓

對折黏貼後，即可直接郵寄

日月文化網址：**www.heliopolis.com.tw**

## 最新消息、活動，請參考 FB 粉絲團

大量訂購，另有折扣優惠，請洽客服中心（詳見本頁上方所示連絡方式）。

大好書屋　寶鼎出版　山岳文化

EZ TALK　EZ Japan　EZ Korea

大好書屋・寶鼎出版・山岳文化・洪圖出版　EZ叢書館　EZKorea　EZTALK　EZJapan

日月文化集團
HELIOPOLIS
CULTURE GROUP

**感謝您購買** **致富傳承** 創業家爸爸寫給子女的 33 個理財祕訣

為提供完整服務與快速資訊，請詳細填寫以下資料，傳真至02-2708-6157或免貼郵票寄回，我們將不定期提供您最新資訊及最新優惠。

1. 姓名：＿＿＿＿＿＿＿＿ 性別：□男 □女
2. 生日：＿＿＿年＿＿＿月＿＿＿日 職業：
3. 電話：（請務必填寫一種聯絡方式）
（日）＿＿＿＿＿＿（夜）＿＿＿＿＿＿（手機）＿＿＿＿＿＿
4. 地址：□□□＿＿＿＿＿＿＿＿＿＿
5. 電子信箱：＿＿＿＿＿＿＿＿＿＿
6. 您從何處購買此書？□＿＿＿＿＿＿縣/市＿＿＿＿＿＿書店/量販超商
□＿＿＿＿＿＿網路書店 □書展 □郵購 □其他
7. 您何時購買此書？ 年 月 日
8. 您購買此書的原因：（可複選）
□對書的主題有興趣 □作者 □出版社 □工作所需 □生活所需
□資訊豐富 □價格合理（若不合理，您覺得合理價格應為＿＿＿＿＿）
□封面/版面編排 □其他＿＿＿＿＿＿＿＿＿＿
9. 您從何處得知這本書的消息： □書店 □網路／電子報 □量販超商 □報紙
□雜誌 □廣播 □電視 □他人推薦 □其他
10. 您對本書的評價：（1.非常滿意 2.滿意 3.普通 4.不滿意 5.非常不滿意）
書名＿＿＿ 內容＿＿＿ 封面設計＿＿＿ 版面編排＿＿＿ 文/譯筆＿＿＿
11. 您通常以何種方式購書？□書店 □網路 □傳真訂購 □郵政劃撥 □其他
12. 您最喜歡在何處買書？
□＿＿＿＿＿＿縣/市＿＿＿＿＿＿書店/量販超商 □網路書店
13. 您希望我們未來出版何種主題的書？＿＿＿＿＿＿＿＿＿＿
14. 您認為本書還須改進的地方？提供我們的建議？

＿＿＿＿＿＿＿＿＿＿＿＿＿＿＿＿＿＿＿＿
＿＿＿＿＿＿＿＿＿＿＿＿＿＿＿＿＿＿＿＿
＿＿＿＿＿＿＿＿＿＿＿＿＿＿＿＿＿＿＿＿
＿＿＿＿＿＿＿＿＿＿＿＿＿＿＿＿＿＿＿＿